西方语言与文化

宋学智 主编

中国书籍出版社
China Book Press

图书在版编目（CIP）数据

西方语言与文化/宋学智主编.—北京：中国书籍出版社，2021.4
ISBN 978-7-5068-8314-6

Ⅰ.①西… Ⅱ.①宋… Ⅲ.①文化语言学—研究—欧洲 Ⅳ.①H0-05

中国版本图书馆 CIP 数据核字（2021）第 005864 号

西方语言与文化

宋学智　主编

责任编辑	朱　琳
责任印制	孙马飞　马　芝
封面设计	中联华文
出版发行	中国书籍出版社
地　　址	北京市丰台区三路居路 97 号（邮编：100073）
电　　话	（010）52257143（总编室）　（010）52257140（发行部）
电子邮箱	eo@chinabp.com.cn
经　　销	全国新华书店
印　　刷	三河市华东印刷有限公司
开　　本	710 毫米×1000 毫米　1/16
字　　数	246 千字
印　　张	15.5
版　　次	2021 年 4 月第 1 版　2021 年 4 月第 1 次印刷
书　　号	ISBN 978-7-5068-8314-6
定　　价	68.00 元

版权所有　翻印必究

编委会

副主编　赵斌斌　张晓琳　陈洋洋

编　委　张　密　白家麟　袁相国
　　　　　于　淼　赵国伟　王大智
　　　　　王文新　高　方　李万文
　　　　　刘成富　宋学智　赵斌斌
　　　　　张晓琳　陈洋洋

目 录
CONTENTS

第一部分　法语语言与文化

巴尔扎克三译家的共同遭遇与不同反应——傅雷逝世50周年
　纪念 ……………………………………………… 宋学智　3
"一带一路"背景下法语专业翻译人才培养模式研究 ……… 袁相国　14
法语专业低年级学生阅读兴趣激发的多维度研究 ………… 赵斌斌　22
语块教学法在外语词汇教学的应用研究 …………………… 赵斌斌　28
跨文化交流与异化翻译 ……………………………………… 吴　博　36
从"顺而不信"到"信而不顺"——鲁迅翻译思想的转变 … 吴　博　41
跨文化交际能力对法语口语的影响 ………………………… 马　琪　49
跨境电商背景下经贸法语人才培养策略 …………………… 马　琪　54
基于建构主义理论支架教学模式的法语写作课堂探索 …… 刘晓霞　57
从法国谚语汉译透视中法文化的契合性 …………………… 刘晓霞　67
跨文化交际视角下的翻译教学研究 ………………………… 程　黎　74
从中外合作办学谈吉林省民办高等教育对外开放对策 …… 丁　宁　78
地方院校 MTI 口译专业交替传译课程设计 ……………… 韩毓泽　86

第二部分　西班牙语语言与文化

拉丁美洲印第安人运动及其影响 ················· 于　淼　93
马克思主义在拉丁美洲的发展 ················· 于　淼　102
浅议西班牙语与汉语概念隐喻的相似性 ············· 赵　沫　108
心理空间理论对《次北固山下》一诗的西班牙语翻译分析
　　··· 赵　沫　118

第三部分　德语语言与文化

"以学生为中心"教学理念在《德语笔译》教学中的应用：模式、
　　方法和内容 ······························· 陈洋洋　129
基于 SPOC 的基础德语线上线下混合式教学改革实践：模式、
　　方法、内容和效果 ························· 陈洋洋　137
浅析会议口译员应具备的能力 ················· 张晓琳　148
以语篇能力培养为导向的高级德语课程教学方法研究 ···· 张晓琳　154
德国《2010 议程》议会辩论的话语分析 ············ 郑启南　163
任务型教学法在基础德语课中的应用——以《交际德语教程 A1》
　　Einheit 10 Essen und Trinken 例 ············· 刘梦可　176
双语科技德语教材建设的原则与策略 ············· 林　琳　185
基于霍夫斯坦德的文化维度理论对比中德家庭教育差异
　　··· 林　琳　189

第四部分　意大利语语言与文化

意大利语系的教学实践探索 …………………………… 张　密　197
从古罗马传统文化的角度看文艺复兴为何诞生在意大利
………………………………………………………… 杨姝睿　201

第五部分　葡萄牙语言与文化

低年级学生葡语学习中的常见语法错误 ……………… 白家麟　209
"葡葡"与"巴葡"的区别之处 ………………………… 白家麟　220
浅谈在葡萄牙语课堂上如何应用情境教学法 ………… 王晰灏　229

第一部分 01
法语语言与文化

巴尔扎克三译家的共同遭遇与不同反应
——傅雷逝世 50 周年纪念①

宋学智②

一、赵氏指向三译家

1952 年，赵少侯在《翻译通报》第 7 期上发表了《评傅雷译〈高老头〉》。赵少侯是当时人民文学出版社的责任编辑，也是法国文学翻译家。傅雷在那时已通过其名译《约翰·克利斯朵夫》《贝多芬传》《欧也妮·葛朗台》和《贝姨》等作品，赢得了中国千万读者的口碑，成为新中国成立之初文化战线上做出巨大贡献的重要人物之一。他通过一部部名译展现出来的精湛的匠心和卓越的造诣，在读书界和文艺界确立了自己崇高的地位。所以，赵少侯的文章自然首先让我们关注到两个方面：一，赵氏说了什么？二，他又是怎么说的？

关于内容，赵氏主要选取了傅译《高老头》中的六个"具体例子"——做了点评。其中三个例子对傅译做了点赞；三个例子对傅译提出质疑。随后，赵氏还从"技巧方面"简要地列举出一些短句译例，划分为"值得我们学习"和"不免""损害了译文忠实性"的两类。再来说赵氏的行文语气。他是这样开始评说的："傅雷先生的译品，一般地说，都是文从字顺，流畅可诵……；本书因为是译者修改过的重译本，晓畅犀利更是它的显著优点"。点赞的三个例子暂可不说，我们先从三个质疑的例子来看，赵氏在对第一个例子质疑后随即表示："不知译者以为如何"；他对于第二个质疑的例子，在

---

① 国家社科基金"法国文学汉译经典研究"[12BWW041] 阶段性成果。
② 宋学智：男，南京师范大学，教授，博士生导师；研究方向：翻译学、法国文学。

结束时说明:"是否正确,希望译者以及读者加以讨论"。对于第三个质疑的例子,赵氏最后也承认,傅雷的翻译"原则上还是无可非议的,因为译一部四百余页的书,也是无法处处字斟句酌的"。可以看出,赵氏全文都表现出一种谨慎的言辞和商榷的口吻。"总的来说,译者加意追求的是'神似'而不是'形似'……,但这不等于说他在'形似'方面就毫不讲究";"译者之所以不注意这些小节,说句公道话,却不是粗枝大叶不负责任的表现"(赵少侯,1952:11-13)。尽管文章如此措辞谨慎,但对一个已经确立了不可动摇的地位的翻译大家率先提出质疑,仍然显示出作者的勇气。然而,这种勇气在换了批评对象后,又变成了一种毫不在乎的不客气了。

同一年稍前,在《翻译通报》第3期上,赵少侯发表了《评穆木天译〈从兄蓬斯〉》。赵氏起先以假设的语气批评说,"如果工作态度不够认真,译文不够忠实,不够清楚,那么,如此大量地粗制滥造的译品不但影响了读者对于巴尔扎克的认识,其所造成的物质、精神的损害也是不容忽视的";随后,他真的"不客气地说,这是一本很难令人满意的译本";并且划分出四项错误加以批评:佶屈聱牙、意义晦涩;死译原文成语;意义与原文相反或不符;任意创造只有自己懂的词(赵少侯,1952:19-21)。

还是同一年,在《翻译通报》第4期上,赵氏又发表了《评高名凯译〈三十岁的女人〉中译本》。高名凯当时已经是我国著名的语言学家、汉语语法学家,不但精通法语,还是索绪尔《普通语言学教程》的最早译者之一。他与王力、吕叔湘三人的汉语语法研究,在20世纪40年代就达到了前所未有的高峰。然而赵少侯却没有了对待傅雷的那种慎言,文章开门见山,一斧子就劈了下来:

"这是一部典型的粗制滥造的译本。我用法文本对照地读了一百页,可以负责地说,这一百页里几乎没有一页没有错误。这些错误包括:误译、曲译、硬译、笔误、字句的误置等等情况;至于创造新的怪异词汇,把原文译成中国字而信手堆成难懂、或竟不懂的语句则更是一页数见的常事。有些错误,以译者中外文的修养、和语文的专门知识来说,本是可以避免的,但由于译者的草率马虎,竟没有避免"(赵少侯,1952:14)。

国内曾有学者对赵氏批傅不大认同，似乎冒犯了大家，但读读这些严厉的字句想想，他对傅雷已经很是"手下留情"了。赵氏仍然通过具体的译例，指出高译"草率""简直无法想象"；对于比较难懂的原文"穿凿附会"；"不肯仔细推敲的情况""屡见不鲜"；还有不少"佶屈聱牙的例子"（赵少侯，1952：14-15），等等。赵氏的评论等于彻底否定了高译《三十岁的女人》中译本。

1952年，巴尔扎克作品在中国的三位主要译家同时被赵少侯请到了批评的前台。三者中，穆译最早，约十来部；高译当时最多，约二十部；傅译当时不多，出版的只有《高老头》《欧也妮·葛朗台》《贝姨》《邦斯舅舅》和《亚尔倍·萨伐龙》，但少而精，异军突起。程代熙在介绍《巴尔扎克在中国》的史料中，权威性地指出，"在翻译介绍巴尔扎克的作品方面，态度严肃认真、译笔生动流畅，在读者中影响较大的，要推傅雷"（程代熙，1979：87）。所以，就连赵少侯也直言不讳地比较指出："读过高名凯、穆木天两先生译的巴尔扎克的小说，再来读傅雷先生的译本，实在有爬出步步荆棘的幽谷走上康庄大道的感觉。因为再也碰不到疙疙瘩瘩、弯弯扭扭的句子，再也遇不见稀奇古怪费人猜想的词汇了"（赵少侯，1952：11）。然而对于赵氏的伴随着点赞的慎言微词，傅雷也似乎并不买账。

二、三译家的反应

穆木天在同一期赵文对他的评论之后，就作了答复。《翻译通报》给予穆氏提前阅读赵文的优先待遇，可以说明，曾经创造社成员的穆氏也是一个法国文学的重要的翻译家、研究家和知名学者。但他并没有做过多的辩解，答复信开头就说："赵少侯同志关于我译的《从兄蓬斯》的批评，我大致同意。同时，我还希望他能更深入，更全面地，检查我的译文。我也希望别的同志帮我校订；……如果我有时间的话，我想把已译过的巴尔扎克作品再校订一遍……"。在答复信的最后，他说："在翻译这些书的时候，我自以为还是认真的。绝没有想过自己是粗制滥造。但，客观上形成了粗制滥造，是应当由我负责的"（穆木天，1952：21-23）。在随后第4期《翻译通报》上，穆木天还结合当时的"三反"运动,更深刻地做了自我批评:"在翻译巴尔扎克时,个人主义思想还是很强的。在选题上,主要反映在《从兄蓬斯》和《绝对之探求》那几篇上……。对于翻译语言的运用……,以为巴尔扎克的作品,译得生硬些,风格更对,而脱离了读者"(穆木天,1952:5-6)。总之,他虚心地接受了赵氏的"不客气"的批评。

高名凯也在赵氏发表评论文的同一期《翻译通报》上,对自己"翻译《巴尔扎克小说集》所犯的官僚主义作风的错误","向全国的翻译界和读者们做(了)一个检讨"。他承认翻译巴尔扎克是他的"谋生之道",此外,还有一个想"要当中国的巴尔扎克"的"不纯动机"。他"计算一下,《巴尔扎克全集》的译文至少有两千万言,不采取'急就'的办法就不能够完成任务,也就不能够成为伟人,因此就拿最快的速度来进行翻译"。这种"个人英雄主义"的"翻译态度是不严肃的"。他最后表示,"计划将来有工夫的时候要把我从前所出版的十几部《巴尔扎克小说集》重新加以修订,来补救我以往所犯的错误"(高名凯,1952:4)。高名凯主攻的是语言学和汉语语法研究,还翻译出版了多部外国语言学专著,这种情况下翻译巴尔扎克作品,只能是他的副业。早在1949年翻译出版的巴氏《杜尔的教士》的《译序》中,他就这样写道:

"这几年来,因为生活的颠沛,颇做了一些行外的事情。《巴尔扎克小说集》的翻译就是其中的一种。回想1941年冬天,我和燕京大学遭受同样的命运,其狼狈的情况实在是难以笔述。后来我受中法汉学研究所的聘请,担任研究员的职务。那时候,物价已渐高涨,汉学研究所给我的报酬实在没有法子让我维持最低的生活。然而'不合适'的工作又不愿意接受,几乎没有一天不在经济的压迫之下。幸亏我的朋友俞鸿模先生和陈伯流先生约我为上海的书店翻译《巴尔扎克小说集》。于是,这外行的工作也就只好担任下来了。那时候,我的《汉语语法论》已经脱稿,所以每日到所工作六小时之后,回家时还能抽出时间来翻译,平均每日译出四五千字"(译序1)。

高名凯坦诚了几点：翻译是他"行外的事情"，他也是在做"外行的工作"；因为经济窘困而翻译；日均译四五千字。而据宋奇考，傅雷"每日平均也只不过译一千二百到一千五百字"（转罗新璋，1984：545）。所以，无怪乎赵少侯对他的批评十分辛辣。对于巴尔扎克的一句原文"Je ferme les yeux sur ses intrigues"，高译为"我闭着眼睛去瞧他的秘密行为"。赵氏纠正为"我装作没有看见他的鬼把戏"。赵氏对高译的批评很有主观臆测的成分，这是他对傅雷绝不敢有的。但他对高氏的主观臆测似乎又很是那么回事。他连讽带刺地臆测高氏的翻译过程如下：译者"等不到看完整句就落了笔。所以一看见'Je ferme les yeux'马上在纸上写出'我闭着眼睛'；往下一看，还有'sur ses intrigues'三个字，于是又添上了'瞧他的秘密行为'。他已忘记，一秒钟以前在'眼睛'前边所写的'闭着'两个字。于是就让侯爵夫人闭着眼睛去瞧东西了"（赵少侯，1952：14）。

两年后，傅雷在致宋奇的信中提到了赵氏对他的评论，"赵少侯前年评我译的《高老头》，照他的批评文字看，似乎法文还不坏，中文也很通；不过字里行间，看得出人是很笨的"。傅雷也反评他道："去年他译了一本四万余字的现代小说，叫作《海的沉默》，不但从头至尾错得可以，而且许许多多篇幅，他根本没懂。甚至有'一个门'、'喝我早晨一杯奶'这一类的怪句子"（傅雷，2006：591）。

三、赵对傅的具体点评及傅的回应

那么，赵氏具体点评了什么呢？我们先看三个质疑的例子。其中之一，法文是"Son châle à franges maigres et pleurardes semblait couvrir un squelette tant les formes qu'il cachait étaient anguleuses"，赵文里的傅译是："身体只剩一把骨头、穗子零零落落像眼泪一般的披着，仿佛就披在一副枯骨上面"。赵氏的点评是："既是穗子，说它披着就不如说垂着好"（赵少侯，1952：11）；此外法文 tant 及 maigre "也未译出"。笔者核查傅译，发现赵氏看走了眼，傅译实为："身体只剩一把骨头，穗子零零落落像眼泪一般的披肩，仿佛就披在一副枯骨上面"（重译本：15）。赵氏把"披肩"看成了"披着"，也把一个逗号抄成了顿号。其中之二，赵氏认为，傅雷把法文"…l'un de ces

Ratons parisiens qui ne connaissent même pas leurs Bertrands" 译成 "做了傀儡而始终不知牵线的是谁",忽略了《火中取栗》中的两位人物拉东(猫)和培尔特朗(猴子),不如译成"做了拉东而始终不知道谁是培尔特朗"或者"做了火中取栗的猫,还不知道叫他取栗的猴是谁",这样对内容和形式都有照顾,"既使读者了解到原意,同时也让读者知道原著表达思想的原来形式",当然若取第一种译法"必须加注"。其中之三,赵氏认为,傅雷把法文"on l'a mis à toute sauce depuis une heure" 译成 "一个钟点以来,只听见他的事儿",是"失之于太自由,没有充分传达出原文的形式,也没有把原文的风趣传达出来"。当然,赵氏也通过与穆木天的"把人搞得糊涂死了"的译文的比较,指出"傅雷先生的译文与原文的精神是符合的"。关于这个例子,赵氏首先指出傅雷把"messieurs, laissez donc le Père Goriot, (et ne nous en faites plus manger)" 译成 "诸位不能丢开高老头(让我们清净一下)"?这是"正说反译的一个好例子"(赵少侯,1952:12-13)。其实他又看走了眼,傅雷译文是"能不能丢开……"。值得我们注意的是,傅雷在1963年第三次翻译《高老头》时,对后两个受到质疑的译句没做修改。

再看三个点赞的例子。其中之一,虽然赵氏认为傅译"恰当有力",傅雷1963年第三次翻译时,还是把两个分句连了起来,由"古的太太和伏盖太太,只恨字典上咒骂的字眼太少"变成"古的太太和伏盖太太只恨字典上咒骂的字眼太少"(再译本:363)。其中之二,赵氏认为,傅雷把法文"Elle était jolie par juxtaposition" 译成 "她的好看并非靠什么眉清目秀,而是由于五官四肢配搭得巧",因译者增加了"并非靠什么眉清目秀"这个短句,而"把她所以美的特殊缘由烘托得更醒目,更完全符合原文的精神"(赵少侯,1952:11)。然而,傅雷在第三次翻译《高老头》时,竟改成了"她的好看是由于五官四肢搭配得巧"(傅雷,2002:362),这是赵氏评析中"照字面"的译法。第三个点赞例子的最后一句,当时傅雷译为"他……在油漆之下发现了原来的木料"。但傅雷在第三次翻译修改过程中,还是依照法文"Il aperçut…le bois, sous le vernis" 调整为 "他……在油漆之下发现了木料"(傅雷,2002:446)。从三个点赞的译例看傅雷的改动,可以说,傅雷并不在乎赵少侯的好评。你认为是妙译的典范,我再次翻译时觉得它欠佳,照样修改。

不久之后，发生了又一场纠纷。1955年4月，傅雷翻译的巴尔扎克的《于絮尔·弥罗埃》同样遇到赵少侯的审读。赵氏肯定了傅译"是认真的，忠实的，对原文的理解力也是极其深刻的"，但同时也指出，"惟译者的译文风格，似乎已稍稍落后于时代。最突出的地方，即喜欢用中国的陈词，这种陈词在中文读起来十分顺口，而对法文的原意不免发生夸大、缩小或加添枝叶的毛病；……傅雷先生的译笔自成一家，若由编辑部提意见请他修改，不惟他不同意，事实上也有困难"。赵少侯提出，"关于他的译笔及似是而非的译法，……请领导决定"（转傅雷，2006：649）。时任人民文学出版社副社长的楼适夷做了批复："傅雷译文，总的说，品格是高的，能传神，不拘泥逐字逐句，应该承认这种译文的风格"（转傅雷，2006：649）。作为傅雷的老友，楼适夷慎重地请傅雷的好友钱钟书再来审读，不料钱的意见，傅雷也难接受，还向钱"开火"，使钱陷入纠纷与尴尬（金梅，1993：236-237）。楼适夷决定请语言学家叶圣陶从中文角度提提意见，叶老次年二月回复："这部译稿是我细心看的，词语方面并无不妥适处。看了一遍，仅仅做这么一句话的报告，似乎太简单，可是要详细地说，也没有什么可说了"（转傅雷，2006：649）。至此，有关《于絮尔·弥罗埃》的纠纷案尘埃落定，译本于1956年11月出版。

四、怎样看赵氏的评论和傅雷的反应

本文认为，赵少侯在批评原则上，做到了一分为二，即便在批评质疑中也有肯定的某个侧面。他在《再谈翻译批评》一文中提出，翻译批评应该"褒贬并重"（赵少侯，1952：18）。也看得出来，他很希望自己的观点和评说是客观的。而对某个具体案例，即便只有批评，也总是用一种商榷的口吻，措辞尤其谨慎。在批评方法上，他使用了比较法。全文有四处列出穆译来作比较，无论是点赞还是质疑傅译，都有此法的运用，这就使得他的见解在两种译文的比较中更易被认同。最重要的一点是，他的翻译观念在今天看来，也不落后。他提出的问题在今天也仍然值得我们去深思，既涉及内容与形式，也涉及归化与异化这些根本性的问题。赵文开篇褒扬了傅译的优长，随后话锋一转道：读者"却又另外有了一种不大放心的地方，……那便是这样流利自然的译笔是否仍能完全忠实于原文？是不是为了追求中译文的通顺畅达，有时也多少牺牲了原文的形式"？例如，在第二个质疑的例子上，赵氏认为，"译者只译其内在的精神而遗弃了它的外表形式"，而这外表形式涉及《火中取栗》的寓言故事。译文如果对形式和内容"双方兼顾"的话，还能"附带地起了丰富中国语言的作用"。在第三个质疑的例子上，他认为傅雷没有译出 manger（=eat）和 sauce 在句中的双关含义，"因为说话的时候，他们正预备吃饭"。译文应当让"读者除了得到和读傅译文一样的认识而外，同时更领会到原文的风趣"。所以，文章最后赵氏提出自己的观点："用中国旧小说里的句法来译外国小说，好处是明白流畅，文字不会佶屈聱牙。但也有一个毛病，那就是把一切异国的东西都装在旧的形式里，读者对新的事物既不能有一种精确的认识，也无从窥见外国文表达情感、叙述故事的曲折笔法。所以使用这种方法是需要有节制的"（赵少侯，1952：11–13）。赵文在60多年前针对后两个译例提出的问题，在今天看来，仍然是很有探讨价值的。

当然，赵文也有缺陷。第一，他对傅译两处看走了眼，造成自己的评论失去了事实评藉，这种粗疏也影响到自己希求的客观性。第二，他质疑的力度反映了当时的认知体系和学术研究的状况，只注意到原文外表形式对丰富中国语言的作用，而不能有意识地站在文化层面明确指出语言形式下的文化韵味、文化内涵和翻译活动的文化目的和文化得失。第三，赵氏虽能看出问题，但自己的论说也存在漏洞。如在第三个质疑的例子中，说巴尔扎克用了 manger 和 sauce 两个词，是选择了"两句成语"，而实则只与一个法语成语"mettre qn à toutes les sauces（以各种方法使用某人）"有关。

那么，我们又怎样看待傅雷的反应呢？本文认为，傅雷不会因为自己的性子烈、脾气暴就放弃了"学问第一，艺术第一，真理第一"的生命追求和"真理至上"的立身原则（傅雷 28；344）。否则，他后来不会说"1957 年前译的都已看不上眼"，"眼光比从前又高出许多"（傅雷，2006：357），也不会在 1963 年第三次翻译《高老头》了。虚心接受批评的人后来并没有真的重新修改或校订，当时不买账的人后来真的又修改了。所以，傅雷致宋奇信中提及此事时，所表现的不买账甚至不在乎的样子，可能只是一个有血有肉的文人的表象常态，而实际上，他在第三次翻译《高老头》时，偏偏选中赵氏并不十分看好的一句"照字面"的译文"她的好看是由于五官四肢搭配得巧",正可说明,他认真比较了几种译法,慎重地思考过赵氏的意见。当然,这也说明,他与赵氏有着不同的翻译原则和审美标准,所以,傅雷不会以赵氏的优劣评判为转移,而始终按照自己的价值尺度来表达作品中的艺术。赵氏指出 tant 的"作用"以及 maigre(细小)的意思没有译出,在傅雷看来,恐怕"见仁见智",而未做回应。相反,赵氏大加赞赏的译句,傅雷当改则改。傅雷说过:"我自己常常发觉译的东西过了几个月就不满意;往往当时感到得意的段落,隔一些时候就觉得平淡得很,甚至于糟糕得很。当然,也有很多情形,人家对我的批评与我自己的批评并不对头;人家指出的,我不认为是毛病;自己认为毛病的,人家却并未指出"(傅雷,2006:289)。同样的情况还有,赵少侯指出:傅雷为了"过分求神似,过分求译文的通顺","常常把他在旧小说里得来的许多句法和词汇应用在译文里面"(赵少侯,1952:13)。傅雷却觉得,"为了翻译,仍需熟读旧小说,尤其是《红楼梦》"(傅雷,2006:586)。傅雷在致宋奇和傅聪的信中,对此有充分阐述,此处从略。但可以肯定,傅雷也认为,"把原文的地方性完全抹煞(杀),把外国人变了中国人岂不笑话!"(傅雷,2006:575)。总之,傅雷的改与不改,既反映了他的审美品位和艺术眼光,也反映了他的严肃认真的工作状态。

五、异化与归化的理论与实践

赵氏质疑的后两个译例,涉及出发语的文化韵味和出发语特有的双关趣味,实质上涉及翻译中异的元素的转换问题。在人类的思想和文化普遍地相互开放并一路发展而来的今天,在翻译实践与翻译理论得到了长足发展的今天,对这样的问题应当说,我们想必已取得共识,即尽可能地让目的语民族了解出发语民族的奇观异景,了解异域民族异样的视角、异样的视野、异样的感受方式和表达方式,以期不断丰富自己的语言表达形式、自己的文化蓄积、自己的情感世界和审美世界。单从这后两个译例看,傅雷的翻译是可以改进的,傅雷归化倾向的翻译对中国读者有溺爱之嫌。翻译活动最终是把外国文学归化入译语民族阅读宝库的行为,但这种归化行为不等于在技的层面只能采取归化的手法。把外国特有的知识文化归化为我们共有的知识文化,需要我们尽量保留外来的异,有了异,才有外国文学文化的奇光异彩,这样也才能实质性地扩充、丰富我们的文化宝库。傅雷虽然自称在理智上是"纯粹东方人",在感情上又是"极像西方人",对西方文化不但有开放的胸襟,还有吸收、消化的行动,但他也说过:"越研究西方文化,越感到中国文化之美,而且更适合我的个性"(傅雷,2006:382;430)。或许这种文化立场正是他倾向归化翻译策略的深层原因。

然而,异化与归化这对矛盾在此还没有完全解决。赵氏提出了策略上的问题,不等于说他就令人满意地解决了实践中的问题。例如,他把法文"…l'un de ces Ratons parisiens qui ne connaissent même pas leurs Bertrands"译成"做了拉东而始终不知道谁是培尔特朗"或者"做了火中取栗的猫,还不知道叫他取栗的猴是谁",就是机械地套用了傅雷译文的格式。傀儡不知牵线的是谁这句话是可以成立的,但拉东不知谁是培尔特朗,就与"我们熟知的《火中取栗》的故事"矛盾了,因为拉东与培尔特朗是相识的。所以,如果译成"一个甚至连自己的对手培尔特朗都不了解的(巴黎)拉东"似乎与原文更贴切。同样,他质疑傅译后拿出的又一句译文"一点钟以来,哪种酱油里都有高老头的味儿"(on l'a mis à toute sauce depuis une heure)也不妥,因为不是高老头的味儿进入到每种酱油里了(sauce 此处也应译为"调味汁",酱油只是调味汁里的一种),而是每种调味汁都在高老头(这道菜)上浇过了、洒过了,每一种味道吃"高老头"的方法都尝过了。所以,如果译成"什么味道的高老头我们都尝过了"或"什么调味汁都在他身上用过了"似乎与原文意思更相符。我们的这样两句"异化"的翻译,或许具有不走样的文化意象。

参考文献

[1] 巴尔扎克. 高老头 [M]. 傅雷,重译. 上海:平明出版社,1951.

[2] 巴尔扎克. 高老头 [M]. 傅雷,再译. 傅雷全集第1卷 [C]. 沈阳:辽宁教育出版社,2002.

[3] 巴尔扎克. 杜尔的教士 [M]. 高名凯,译. 上海:海燕书店,1949.

[4] 程代熙. 巴尔扎克在中国 [J]. 读书,1979 (7):86-92.

[5] 傅雷. 傅雷文集·书信卷 [C]. 北京：当代世界出版社，2006.

[6] 高名凯. 我在翻译中的官僚主义作风 [J]. 翻译通报，1952 (4)：4.

[7] 金梅. 傅雷传 [M]. 长沙：湖南文艺出版社，1993.

[8] 罗新璋. 翻译论集 [C]. 北京：商务印书馆，1984.

[9] 穆木天. 穆木天同志的答复 [J]. 翻译通报，1952 (3)：21-23.

[10] 穆木天. 我对翻译界"三反"运动的初步认识 [J]. 翻译通报，1952 (4)：5-6.

[11] 赵少侯. 评傅雷译《高老头》[J]. 翻译通报，1952 (7)：11-13.

[12] 赵少侯. 评穆木天译《从兄蓬斯》[J]. 翻译通报，1952 (3)：19-21.

[13] 赵少侯. 评高名凯译《三十岁的女人》中译本 [J]. 翻译通报，1952 (4)：14-15.

[14] 赵少侯. 再谈翻译批评 [J]. 翻译通报，1952 (5)：18-20.

"一带一路"背景下法语专业翻译人才培养模式研究

袁相国[①]

随着我国"一带一路"倡议得到世界各国的积极响应,特别是非洲法语区各国从中看到了巨大的发展机遇,纷纷与中国签署"一带一路"合作协议。非洲法语区国家中将法语作为官方语言、通用语言、教学语言等使用方式的国家有29个。据最新消息,远在西非的法语国家马里于2019年7月与中国签署了加入"一带一路"倡议的合作备忘录。非洲法语区国家已然成为"一带一路"倡议中最为活跃的潜在市场之一,这也对专业法语翻译人才提出了巨大的需求,这就要求立即着手采取必要的措施来应对此种趋势,在培养具有跨文化通识法语能力人才的同时,加速培养具有较高专业知识和翻译水平的复合型、应用型法语翻译人才。法语翻译工作者要基本了解法语区相关国家的历史、文化、生活习俗等相关知识,成为能够应对日新月异的科技发展翻译任务的有用之才。据初步统计,目前在非洲各国中从事工程施工、科技交流、经济贸易的中方工作人员已超过200万人,中国在非洲大陆的基础设施方面的投资额已达210亿美元(遍布全球的超过4万家在海外投资的中国企业以及总额约7万亿美元的海外资产和投资),中国对非洲承包工程完成营业额超过500亿美元。另据法语国家组织(Organisation Internationale de la Francophonie OIF)统计,法语为世界第五大语言,2015年全世界讲法语的人口数量约为3亿,约占世界总人口的4.3%,预测到2050年时,世界上将会有7亿人讲法语,而其中绝大多数(约85%)讲法语的人将生活在非

[①] 袁相国:吉林外国语大学法语系主任,副教授,研究生导师。研究方向:法语口译和笔译。

洲,这从另一个侧面真实反映出非洲法语国家市场将对法语翻译人才拥有巨大的磁吸效应,亦是我国法语毕业生就业的一个上乘之选。

一、专业法语翻译人才匮乏

从实际情况来看,非洲法语国家与中国的经贸合作关系渊远流长,往来频繁,尤其是这些国家均属于发展中国家或不发达国家,基础设施或极度落后或严重匮乏,对大型基建工程的需求十分旺盛,这也正是我国工程界的长项和优势。以西非的内陆国家尼日尔为例,在这个国家中从事工程项目的中国央企多达二十余家,尚不包括一些私企和地方省市工程施工单位,工程技术人员近千人,其中翻译兼管理人员近百人。但从现状来看,拥有较高专业翻译能力、掌握跨文化和相关专业技术知识的翻译人才寥寥无几,法语专业的学生没有专业法语的知识,毕业生到工作岗位上后一时不知所措,无法将所学知识立即运用到实践中来,显得颇为尴尬。甚至有的年轻翻译人员刚入职时连 le maître d'ouvrage(业主、甲方、建设单位)和 le maître d'oeuvre(监理、咨询工程师)这样的词汇都不知如何翻译,甚至不知砼/混凝土为何物,由此便可管窥专业知识是何等匮乏,专业翻译能力是多么薄弱。但这也从另一个侧面表明,专业法语的人才培养大有提高的空间。

二、当前专业法语的教学现状

据初步分析,目前我国专业法语的教学现状主要表现在以下几个方面:

(一)缺少符合国际市场需要、与学生知识匹配的专用教材

据笔者初步调研,目前国内出版物中尚未见诸有专业的专业法语教材,即便一些与专业法语擦边的资料,也是东一榔头西一棒子的,相互之间关联性较弱,没有形成体系化、系统化的知识链[1],与市场实践相脱节,另外,目前出版的某些有关科技、工程方面的教材,显得过于深奥和孤僻,与大学生的知识结构、市场需求脱钩,与人才培养目标不接轨,学生感到茫然而无从下手,感觉专业法语遥不可及,在学习过程中遇到的困难较多,使学生产生敬而远之的畏难情绪。

（二）学校中尚未开设符合学生知识结构的专业法语课程

高校的法语教学中尚未设置专业法语的课目，这是具有紧迫性的全局性问题，对培养应用型、复合型翻译人才具有一定的制约效应。学生毕业后到工作岗位上要仅凭自己的一己之力来逐步、缓慢地学习、分析、消化、习得各类技术知识，要经过较长时间的输入整理过程才能成为可资调用的资源，补齐科技法语知识的短板，这是一个旷日持久的过程。教学创新是专业法语翻译教学和人才培养的生存法则，要与"一带一路"的需求挂钩，动员广泛的力量来编撰专业法语的教材和阅读语料，使学生能够基本掌握专业法语中涉及的知识，如流程、术语、操作规程、管理方法与技巧、国际通用规则、管理经验等。

（三）外语类高校中尚未拥有一支具有较高水平的专业法语教师队伍

这个短板严重制约了专业法语翻译人才的培养和发展，这是需要认真对待的实际问题。目前，外语类高校中的师资队伍是传统的教学模式下培养出来的[2]，注重的是法语语内知识的教学内容，几乎没有教师有过专业法语的切身体验和工作经历，有些则干脆从书本或网络上搜集一些枯燥的例子来做浅显的科普教学，学生学不到真正有用的知识。教师的教学方式落后，与国际上通行的规则和用法相隔甚远，专业翻译更无从谈起，这与现行的教育体系有较大的关系。

三、对专业法语教学及人才培养的思考

根据上述分析，笔者提出对专业法语教学及人才培养的几点思考，如下所述：

（一）建设一支专业法语师资队伍，提高教师能力和水平

将专业法语列入高校外语专业的课目清单，对教师进行专业外语培训，加大对教师培训的扶持力度，可以定期或择机组织相关教师到相关专业实践一线进行培训、短期工作、进修等，丰富教师的科技语言知识，提高相关能力，从而大幅度地改进教师的知识结构进而提高教学水平。高校还可以与有关科技单位建立合作办学、校外培养基地等，使教师能够连续持久地获得专业技术知识，随时可以充电，保证紧跟科技进步的前沿，使学生能学到先进

实用的专业技术知识。

（二）开设专业翻译课程，提高学生对专业法语的兴趣

专业翻译对学生的知识积累、临场发挥和基础水平要求较高且较全面，要求学生拥有扎实的语法基础、有较大的词汇量和较高的理解力等。自然，在校学习期间，学生如何掌握较好的学习方法，提高学习效率和质量，达到事半功倍之效，则是学生们尤应加以关注的问题。使学生有努力的方向，对所学知识有信心，知晓这些知识终将会有用武之地，假以时日，定会取得可喜的成绩，从而热爱并最终从事专业翻译事业。

（三）对学生要抓好基本功素质的培养

练好基本功，拥有扎实的语言基础，要教会学生掌握语法、句法、写作等技巧，及时将瞬时记忆转化为短时记忆，并通过反复练习、默记等方式使之有效地变为长时记忆，最终成为自己能够真正掌握的永久知识。每做完一个练习，必须要对法语语法问题在当时语境下进行全面复查，包括性、数、时态、语态、动词变位、词义等，缺一不可。既要在微观方面有把握语言文字的功力，还要在宏观方面具有遣词用字、构造句子的深厚功底，而这绝非一日之功所能达成的。

翻译能力主要由法语语内知识、语外知识和专业技术知识[3]三部分组成。三种知识的交汇面积越大，融合度越高，则翻译的复合型知识面越广，翻译的综合技能越高，越能够驾轻就熟，从翻译的必然王国迈进翻译自由王国的坦途。

法语语内知识主要包括：发音、音标、词汇、词组、时态、句法、动词变位、动词搭配、理解力、造句能力、写作能力、口译能力、笔译能力、翻译理论知识（目的论、功能论、释意理论等）等。这些知识通过课本、课堂、自学、阅读等方式均可有效地获取，有这些理论的武装，定会使学生游刃有余地应付各种场面。

专业技术知识主要包括：某项或多项行业的专业知识，如航空、公路、铁路等，使翻译具有专项特长。语言只是一种工具，是传播其他专业知识的载体和双方交流沟通的桥梁。虽然在学校期间无法获得某一专业领域的全部技术知识，但可以围绕常用的有关法语专业知识进行积累和储存，以备将来

不时之需，这也完全是基本功的重要组成部分。这些知识来源于日积月累，待走上工作岗位之后，再利用已掌握的学习技巧和方法，就能够快速灵活地转入对口的专业技术知识的收集、整理、提高和存储了，这样无疑会使自己成长为既有坚实的法语基础亦掌握某项或某些基本专业技术知识的外语＋专业翻译人才，能够游刃有余地应对职场上的各种挑战。

语外知识主要包括日常生活中的各类普通知识，正所谓厚积薄发，诸如政治、经济、文学、社会等方面，甚至还包括中文水平、写作能力等。其实，每天都有大量的基本知识进入脑海中，正由于眼见为熟，有时并不放在心上。翻译的知识面应不拘于某一个特定方面，一个翻译工作者的功底时常表现为杂家，而事实上，这些基本知识会在某一时刻不经意间解决燃眉之急。比如某公路项目施工时，有下面这段话：On appelle " volume géométrique" le volume Vn appliqué à un profil n calculé en multipliant la section du "profil théorique" Sn par la moitié des distances entre profils d（n－1）et d（n＋1）de mêmes natures，excavations ou remblais：$V_n = S_n x \left(\frac{d_{n-1}}{2} + \frac{d_{n+1}}{2} \right)$。实际上，这里牵涉到的知识点就是曾经学习过的几何体积的计算方法，如果对此有所了解，加上语境的合理逻辑推理，再咨询一下有关技术人员，那么就很容易地正确理解和翻译了。

译文：剖面 n 的几何体积 Vn 计算方法如下：将理论剖面 Sn 的断面乘以两个相邻剖面 d（n－1）和剖面 d（n＋1）之间的距离的一半，此公式同时适用于挖方和填方：$V_n = S_n x \left(\frac{d_{n-1}}{2} + \frac{d_{n+1}}{2} \right)$。

如果用更专业的术语来表示，可以改译为：剖面 n 的几何体积 Vn 的计算方法为平均距离法，此公式同时适用于挖方和填方。平均距离法寥寥数字实为画龙点睛之笔，正是这种计算方法的原汁原味的专业表达方式。

四、教学模式设计

根据目前专业法语的翻译培养现状，提出包括有明确的培养目标，严格的培养流程，精细培养过程，科学合理的评估程序，全面提高的教学方式、方法和手段和贴近实践的多维度教学六位一体的教学模式，如下图所示。

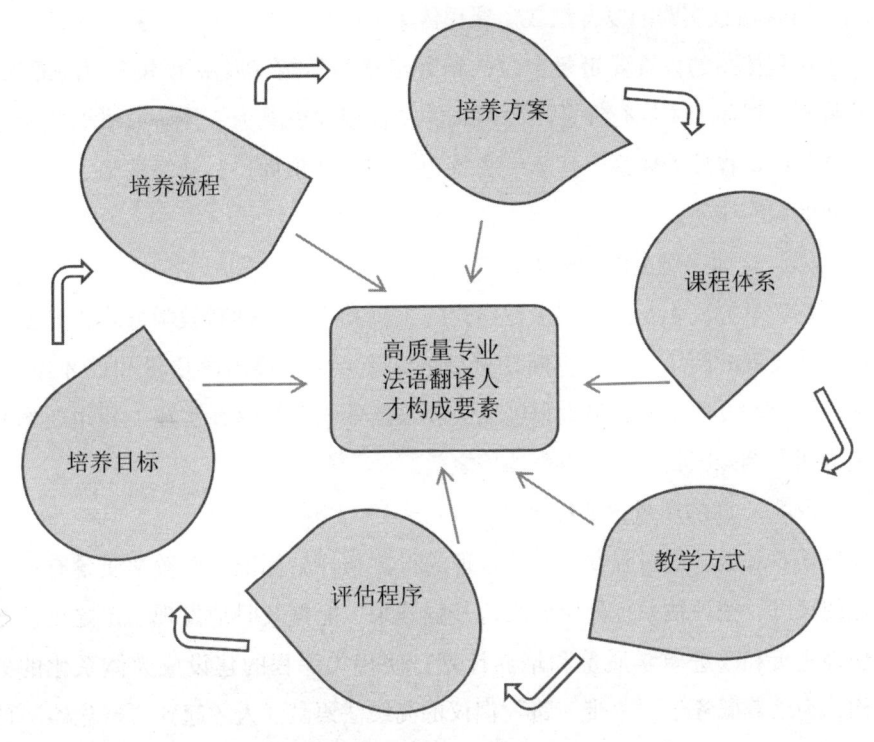

图 1　专业法语翻译人才培养模式示意图

（1）明确清晰的培养目标

确定出对学生的教学内容、课程设计、某些科技专业、相应教材的选用等关键要素，有针对性地因材施教，使讲授的知识与市场需求接轨，使学生有学习目标和希望达到的水平，从而有信心和措施来实施学习计划。

（2）步骤严格的培养流程

对学生的培养计划要编制出详细的操作步骤，使培养方案得以真切地落实在每一堂课上，落实到每一个知识点上，使学生能够打好坚实的语言基本功和百科知识基础，有计划，有检查，出效果，出成绩。

（3）科学精细的培养方案

培养方案的设置要与学生的兴趣、市场的需求、社会的发展、"一带一路"的规划和沿线各国的实际情况相吻合，有理论知识的汲取，也有实践课程的穿插，既有口译的训练，亦有笔译的打磨，使之更符合外向型、复合型和国际化的发展趋势。

（4）贴近实践的复合型教学课程体系

课程体系的设置要走复合型的培养道路，不能仅局限书本知识的灌输，要将不同层面、不同行业、不同国家的复合型知识融为一体，形成面向全球一体化的课程培养体系，建立一套特色鲜明、知识面广、脉络清晰、有拓展空间的课程体系。

（5）全面多维度的教学方式

在教学方式上，要采用多种形式的工具和手段，创新教学方式，充分利用高速发展的网络工具，不断挖掘新的知识点，提高教学质量和成才速度，紧跟知识的发展走向，最大限度地吸收最新知识，能够在实践中利用新的交流沟通和翻译工具，达到事半功倍之效。

（6）合理的质量评估程序

培养和教学的过程要有科学合理的检测和评估标准，对教学质量有可量化的尺度，把评估系统分层分级地分解开来，能够及时地发现不足之处，尽快地完善和改进教学质量和培养计划，使相关课程的建设成为体系化的架构，为培养服务于"一带一路"倡议的高级法语翻译人才起到"孵化器"的倍增效应。这样可确保提升教学效果，毕业生获得相当程度的专业法语能力，就业竞争能力显著提高，更好地适应市场需求。

结语

专业法语翻译能力要从大学抓起，从大学生做起。专业翻译能力的培养是一个长期艰苦的过程，要适应"一带一路"大语境的实际需求，打好外语基础，拥有充实的外语知识，掌握相当广泛的百科知识作为补充和支撑，同时不断汲取深厚的科学技术知识素养，使翻译人员成为语内知识牢固、语外通识广阔、专业技术知识和翻译能力强大的应用型、实用型国际化翻译人才。

参考文献

[1] 高尔朗. 浅析"一带一路"政策背景下法语专业教学模式的创新[J]. 社会科学，2018（9）：233.

[2] 沈光临. 工程技术法语 [M]. 大连：大连理工大学出版社，2012：1-2.

[3] 袁相国，宫妍，盛南. 工程法语 [M]. 东华大学出版社，2019：413.

法语专业低年级学生阅读兴趣激发的多维度研究

赵斌斌①

Krappe 和 Schiefele 的研究发现，兴趣不仅可以提升学生的篇章理解能力和信息回忆整合能力，还能够促进学生对信息结构更深层次的理解（2011：54），阅读教学若能够激发学生对阅读本身的兴趣，更有助于学生欣赏型动机的形成。调查显示，基础阶段教育忽视学生阅读兴趣培养、个性差异、阅读习惯培养的现象较为普遍，阅读教学急需改革。

一、法语专业低年级学生的阅读困境和成因分析

阅读应是从词汇识别到对阅读材料建构理解，最后到把二者有机结合实现流畅性和互动性的过程；而法语专业低年级学生由于法语学习时间短，词汇量相对匮乏，语法知识还未形成体系，外语阅读理解往往还停留在词汇识别阶段或对阅读材料的"初识阶段"，无法形成欣赏性阅读，而有关研究表明欣赏性阅读更有助于激发并维持学生的阅读兴趣，从而最终实现流畅性和互动性的目的。

低年级学生的外语学习兴趣是顺利晋升高年级专业学习的保障，是未来专业学习不断线的发动机，阅读教学作为外语学习的重要内容，阅读能力的提高与听说写译能力的提高息息相关，因此低年级的法语阅读教学应受到重视。

为了理清法语专业低年级学生的阅读困境，笔者选取 13 级 75 名学生作为调查对象，调查显示 98% 的同学都能意识到阅读课的重要性，然而只有

---

① 赵斌斌：吉林外国语大学西方语学院讲师。研究方向：外语教学与翻译。

20%学生对目前开设的法语阅读课比较满意，大部分同学表示目前使用的阅读材料生词过多，阅读内容与现实生活联系不大，教师教学方式比较单一，学生呈现出不同程度的阅读焦虑现象，以及阅读学习兴趣不浓厚等问题。法语专业四级考试阅读满分 20 分，而本届学生阅读平均分只有 10 分。针对学生阅读兴趣不浓厚、阅读成绩不高的问题，我们认为主要有阅读教学方式单一、阅读资源短缺、教学内容不能满足学生需要等原因。学生阅读兴趣无法得到有效激发，那么应该如何激发低年级阶段学生的阅读兴趣呢？

二、阅读兴趣的激发策略

目前国内外普遍认同将兴趣分为个人兴趣和情境兴趣。基于对兴趣的大量研究，海蒂和贝尔德（1988）提出了个人兴趣和情境兴趣的概念（2012：196），笔者尝试从这两个方面探讨提升法语专业学生阅读兴趣的策略。

（一）情境性阅读兴趣的培养

情境兴趣是一种由情境的某些方面如新奇或紧张引起的兴趣，它持续的时间较短，对个体的知识、偏好系统产生影响，是一种唤醒状态的兴趣。

情境兴趣一般被分为基于文本，基于任务和基于知识三类兴趣（2011：152）。情境兴趣的分类分别对阅读教材、教师授课方式和阅读内容提出了不同的要求。

首先，基于文本的情境兴趣要求使用的阅读教材具有诱人性、生动性和连贯性。针对我校学生的调查问卷显示，目前我系使用的阅读教材并不能满足学生的阅读期待，阅读的趣味性和实用性不能兼备，生词量过多，各章节内容缺乏一定的连贯性和循序渐进性，因此，所选用的阅读教材不能充分激发学生的情境兴趣。针对目前国内缺少适合低年级阶段法语阅读材料的问题，我们建议阅读材料的搜集可借助于网络多媒体，在教师的指导下，鼓励并组织学生通过网络自选阅读材料，最后经过教师的筛选确定课程阅读内容。教学内容的改革一方面可以满足阅读材料的诱人性和生动性，另一方面可以确保材料的难易度适合低年级学生的阅读水平；另外，经过老师筛选把关的阅读内容也可以保障文本的连贯性和循序渐进性。Cordova 和 Leppe 的研究发现，当允许学生对他们的阅读材料进行选择的时候，会对学生对困难任务的偏爱、阅读兴趣的提升以及课下花费的阅读时间均产生积极的影响。

其次,基于任务的情境兴趣要求阅读课使用任务教学法。任务型教学是一种以具体的任务为学习动力或动机,以完成任务的过程为学习的过程,以展现任务成果的方式来体现教学成就的一种教学方式,它要求教师在课前、课中和课后围绕教学目的给学生布置相应的任务,如阅读活动可以指定为根据故事表演话剧、录制短片视频、组织一次采访或者策划一次宣传活动等多种形式,基于任务的阅读教学不是机械的技能培养和语言学习,而是通过完成一种真实的任务来实现语言的学习,从而更容易激发学生的阅读兴趣。

最后,基于知识的阅读兴趣要求阅读课开展内容本位阅读。内容本位阅读不以技能培养和语言学习为目标,而是为获取知识、学习知识为目标,更容易激发学生的学习动力。我们建议教师在开展阅读教学活动之前,应面向教学对象组织相关调查,梳理学生的阅读期待,并基于学生的知识期待,在原有的图式知识背景下,补充新的知识。基于学生知识需求的阅读教学法,更能激发学生的好奇心和学习新知识的渴望,从而调动学生的内部学习动机,形成稳定的阅读兴趣。

(二)个人性阅读兴趣的培养

个人兴趣主要是指那些跨时间发展的、较为稳定的兴趣倾向。它以个体已经存在的知识、经验以及情感为基础(2012:194)。个人兴趣对个体来说是特定的,一般来说,个人兴趣较为稳定,并与增长的知识、积极的情绪情感以及增长的参照值有关。海蒂和贝尔德认为个人性阅读兴趣应该包括潜在兴趣和实现兴趣两个方面,而潜在兴趣又跟情感和价值两方面因素有关。

首先,潜在兴趣的激发跟情感因素有关,要促进学生对阅读的积极性情感的形成,帮助学生摆脱对阅读的情感焦虑。过渡焦虑往往是影响学生学习的主要因素之一,阅读中造成学习者焦虑的因素很多,如阅读材料的难易程度、教师的授课方式、学习环境、学生自身从学习中获得的成就感等都可能给学生带来阅读方面的焦虑。鉴于以上的问题,为了更好地调动学生的阅读兴趣,摆脱情感焦虑,教师应该注意如下几个方面:

第一、阅读材料要难易适中,生词量最好不要超过5%,避免造成由于生词过多造成理解障碍,从而引起焦虑;另外,文章的结构和风格在阅读课的初始阶段最好选取学生熟悉却普遍感兴趣的主题，建议教师一方面可以提前做好阅读兴趣的调查，根据调查结果选取大多数学生感兴趣的主题，使选取的材料更加具有针对性；另一方面，教师要发挥课外阅读的辅助作用，通过主题引导和扩充，逐步为学生建立课外阅读材料库，让学生尽可能地阅读法语专业相关领域的通识知识，填补图示背景的空白区；

第二、让学生从阅读学习中体验成就感，若能让学生感受到努力的效果，会大大地激发学生阅读的积极性。当学生在阅读学习中，看不到提升的可能性，就会出现上课不配合、课下不完成作业、逃学厌学的情况。因此，阅读教学最好遵循成功定向的教学原则，避免挫折教育。我们认为一方面阅读过程设计要循序渐进，根据学生的学习风格，设计多元智能的活动，由此可以保证具有不同优势的学生都可以有机会得到奖励；另一方面，教师要适当搭建学习支架，保证不同程度学生的合理搭配，实现互帮互助的学习模式；最后，教师要注意考核方式的多元化，对学生的评价不止局限于课堂45分钟的表现或者期末考核的成绩，也可为学生建立档案袋记录学生的进步表，同时鼓励学习进步最大的学生。

其次，个人兴趣的激发离不开学生对阅读的正确价值观的确立。研究发现，每一个阅读者都有一定的目的，具有独特的阅读风格，并且阅读目的和风格随着阅读进程的推进而改变（朱燕：2013）。学生的阅读在最初阶段主要是源于工具型动机，即希望在专业考试中阅读能取得很好的成绩，但是当学生学业成绩很差时，很容易就会放弃学习，自然也就会放弃阅读，所以我们认为在阅读教学中培养学生的欣赏性动机比工具型动机更重要，鼓励学生从阅读材料中得到阅读的乐趣。为了达到这一教学目的，一方面，教师要赋予阅读材料真实性，使学生意识到阅读是人们生活的一部分，是生活、工作、交流与自我发展的必须手段，教师若能够给学生提供外语阅读的真实目的和理由，使阅读成为展现自我的方式，那么就可以激发其更大的阅读欲望和热情；另一方面，教师可以主动构建课堂内外的联系，若教学资料不是来自生活中的真实资料，教师也可以基于话题的相关性在课外布置相关任务，如果能把技能培养变成信息获取、情感交流，把课程学习融入现实生活，就可以帮助学生更清楚地认识阅读的价值，培养良好的阅读态度。

(3) 情境性阅读兴趣向个人性阅读兴趣的转换

正如上面论述，情境兴趣是由某些情境因素引起的短暂兴趣，这种兴趣通常持续时间短并不稳定，而个人兴趣往往与增长的知识和形成的积极情感因素有关，相对情境兴趣来说更加稳定，因此阅读教学初期应该调动学生的情境性兴趣，随着阅读进程的展开，要最终促成学生个人性阅读兴趣的形成。

Mitchell认为个体的情境兴趣是从激发到维持的转换，其转换的必要条件是根据学生的实际目标而建立赋予学习内容某种意义的学习条件。Krapp进一步指出这种转换在学生将知识内化和形成认同方面发挥了重要的作用。情境性阅读兴趣向个人性阅读兴趣的转换需要完成引发性情境兴趣，维持性情境兴趣再到个人性兴趣的实现的转换过程。

我们认为情境兴趣和个人兴趣是相辅相成的关系，情境兴趣是个人兴趣形成的前提，而个人兴趣是情境兴趣得以维持提升的保障。在兴趣的激发阶段，要通过多样化的教学手段，内容连贯、情节诱人，且具有现实意义的阅读材料来激发学生对阅读的兴趣。而要维持学生的阅读兴趣则要让学生正确看待阅读的价值，让学生从学习中体验成就感；最后要激发个人兴趣的形成则要保证前两个步骤的顺利转换，让学生体现到个人价值的实现，并形成自己独特的阅读风格，实现由策略性阅读到知识性阅读，由工具型阅读到欣赏性阅读的有机转换。

本文针对我校法语专业低年级学生阅读兴趣不浓厚的问题，探讨了阅读兴趣形成的必要性以及培养学生的情境性兴趣和个人性兴趣，并实现二者良性转换的教学策略。本文关于学生阅读兴趣的激发并未考虑学生阅读个性的因素，阅读兴趣激发的其他因素如家庭环境的影响，学习氛围的塑造和学生对压力的自我调节等方面也没有涉及，在未来的外语阅读兴趣方面有待进一步深入研究。

参考文献

[1] G. S. Pinnell. Teaching Reading Comprehension [M]. 1979.

[2] Nunan. Designing Learning Strategies [M]. 2000.

［3］姜晶晶. 小学生英语课堂情境兴趣的结构及其向个人兴趣的转换［D］. 2011.

［4］宋洁，康艳. 英语阅读教学法［M］. 首都师范大学出版社. 2012.

［5］孙传玉，张玉环. 法语阅读现状和阅读能力的培养［J］. 德州学院学报. 2014.

［6］王笃勤. 英语阅读教学［M］. 外语教学与研究出版社. 2011.

［7］朱燕. 法语专业阅读课多元教学模式研究［J］. 北京航空航天大学学报. 2013.

语块教学法在外语词汇教学的应用研究[①]

赵斌斌[②]

引 言

词汇是语言的基石，是构成句子、段落和篇章的基本单位，词汇能力是构成外语学习者语言能力的重要因素。20世纪80年代以来，关于词汇教学的研究日渐繁荣，国内外研究者逐渐提出了一些词汇教学的具体方法。然而，由于诸多原因，我国外语词汇教学效果仍然不理想，词汇学习仍是大多数学生外语学习过程中的主要难题（卫乃兴：2007）。20世纪70年代，在国内外学者对词块（语块）的研究逐步完善的基础上，Dave Willis率先对语块教学法进行了初步的探讨。目前语块教学法作为一种独立的语言教学方法，无论在理论还是应用层面，都已经得到进一步的发展，在一些语言学书籍中与其他传统的、主流的语言教学法相提并论，甚至被认为是一种教学的理论转向（Zimmerman, 1997）。在外语教学中，语块教学法对发展学习者的流利性和准确性具有重要作用。目前语块教学法在语言教学中的优势已经被国内外大多数学者所认可，然而实践层面虽有所突破，却存在研究数量和深度不足的问题。本论文旨在理清语块教学法理论内涵的基础上，重点探索语块教学法在外语词汇教学的应用和应用策略问题。

[①] 本文为吉林省高等教育教学改革研究重点研究课题《词块理论指导下的法语课堂教学模式创新的研究与实践》阶段性研究成果。
[②] 赵斌斌：吉林外国语大学西方语学院讲师。研究方向：外语教学与翻译。

一、语块教学法

语块教学法（Chunk Approach）又称作"词块法"（Lexical Approach），于 1993 年被 Michael Lewis 在其著作 *The Lexical Approach* 中第一次提出，其核心观点是"语言是由语法化的词汇，而不是词汇化的语法构成的"。从根本上颠覆了传统的语言教学观念，并将短语语块推向了语言教学中心（Lewis, M：1993）。

（一）语块教学的基本原则

语块教学法强调词项（vocabulary items）在外语词汇讲授和学习的应用。这些词项指的是那些在口头和书面语言材料中大量出现，具有很高重现率的语块或词汇组合。语块教学法推崇外语教学以交际为目的，它的基本原则是基于"有意义的交际作为语言和语言教学的中心"（Lewis, 1997），主张尽可能地扩大有意义的语言输入，并以此作为教学的基本出发点（Willis, 1990）。

Lewis 于 1993 年从八个方面提出了语块教学法的教学原则，完善了词块的理论外延，提供了具体的操作原则，为我国外语词汇教学提供具有实践意义的指导：

第一，外语教学的重心应由语法转向词汇，鼓励学生大量吸收核心词汇；

第二，口头语应该优先于书面语能力的培养，书面写作应尽量延迟；

第三，注重培养学习者的接收能力，特别是要加强听力的训练，推迟复用。不应过早地要求学生"开口"，在学习的初级阶段要多听，尽可能增加输入的机会，有了良好的知识基础，学习者才能利用反馈信息实现自我纠正；

第四，让学生接触真实的语言材料，避免单纯为了解释语言结构而人为制造的句型；

第五，给学生提供有意义的、可理解的语言素材，让学生在语境中学习词汇；

第六，有意识地提升学生的词汇敏感性，通过有效的课堂组织形式，教

会学生词块辨认法,"授人以鱼不如授人以渔",引导学习者逐步掌握词块的学习方法;

第七,在外语学习过程中,保证外语输出的流利性是首要任务,学习者的信心和想象力的培养要优先于正确性的习得;

第八,对于学习者的错误问题,教师应把主要的精力放在内容方面,而非仅局限在语言形式上,不提倡过多纠错,可以以重构的方式间接纠错。

(二)语块教学的学习观

语块教学法的中心是"不经过分析的学习",提倡学习者把输入当作整体来接收,存储在学习者的语库里,当需要的时候直接提取。Lewis 指出:语言教学的一个中心内容就是提高学生的语块意识,并发展他们成功对语言进行"组块"的能力(Lewis, M; 1997)。

(三)语块教学法的基本要点

1. 学习外语的目的是能用目标语进行交际;

2. 学习者的语言知识体系是由各种词块构成的语库组成,而不是一整套语法规则和大量无联系的词汇组成;

3. 教学过程应该是观察—假设—认定(observation - hypothesis - experiment),而不是遵循讲解—操作—复用(present - practice - produce PPP)的以语法为中心的传统教学模式。

语块教学法是在推崇外语教学以交际为目的、词汇日益受到重视的背景下兴起的新型语言教学理论,它摒弃了传统的语法/词汇二分体系,由于它的教学单位是集形式与功能为一体的组块,极大程度地保证外语学习者语言输出的准确性与流畅性。语块教学法提出后很快引起了外语教学界的注意,并激起了教育工作者的研究热情。国内学者积极地引入和介绍语块理论,并尝试从应用语言学、认知语言学和语料库语言学等角度丰富语块教学法的理论内涵,研究范围逐渐深入,研究范围逐渐扩大。然而,语块教学和习得尚处于探索阶段,还没有形成具体的、有可操作性的课堂教学模式,语块教学法在外语教学不同科目的优势特征和应用方式还有待进一步研究。

二、语块教学法在外语教学的优势

语块（词块）在语言习得和语言行为中有着至关重要的作用，国内外学者普遍认为语块的使用可以降低学习者语言加工的时间，提高语言的流畅性，有助于提高学习者语言表达的地道性并逐渐提升学习者的语言组织能力和语篇理解能力。研究者认为语块在外语教学的写作、阅读、口语和听力各个环节都有独特的优势特征。

写作方面：认知心理学认为，人类对信息的获取、存储和提取体现凸显性和完整性。作为集形式、意义和功能于一体的语块一旦被输入大脑，将会整体储存并于特定语境建立联系。所以，在写作的时候，语块的微观组织功能可以使我们更有效地连词成句；语块的宏观组织功能可以使我们更清晰地谋篇布局、统领全文；

阅读方面：语块的主要特征是具有限制性形式，语言结构相对固定，分解性较低。语块的不可分解性有利于学习者在阅读的时候将注意力从个别的单词和句法结构解析上转移到整体内容的深化和意义的理解上来，在阅读过程中，学习者只需经过部分字词识别阶段就可以对语块进行预测判断，从而有效地提升阅读的速度；另外，由于组块结构的固定性和意义的唯一性，大大降低了单词作为独立意义单元的不确定性和无意义的情况，从而降低了阅读的难度。最后，组块作为记忆组织单位，具有很强的可及性和提取效应，可以扩大学习者的视幅，可以避免重复阅读的弊端。由此可见，语块是理想的外语阅读单位；

口语方面：近年来，国内相关研究均证明外语学习者的口语表达能力和组块运用的紧密联系。组块在口语表达方面的作用主要体现在准确性和流利性两个方面。Pawley 和 Synder（1983）年曾对心理语言学进行研究，发现日常交际中母语使用者的大脑每次只能处理 8~10 个单词的句子，却可以流利地说出多于 10 个单词的复杂句子。事实上，据语料库的数据统计，大约 70% 的自然话语都是由预制语块组成的。二语习得研究也表明，预制语块在语言生成和理解过程中具有重要作用，并按照不同的语用功能范畴存储在一起，使用者根据交际语境的需要，整体提取使用，大大地减少了大脑处理信

息的时间,从而达到了正确性和流利性的统一;

听力方面:外语听力教学中的关键问题是帮助学习者在听力过程中解决理解方面的困难。对于听力理解的发生过程,认知心理学家曾提出两种信息模式:"由下而上"加工模式和"由上而下"解释性模式。前者依靠语音、词汇和语法等语言知识实现理解;后者则依靠背景知识对信息进行分析处理。语块作为理想的语言载体,可以在两种模式间架构动态的信息处理模态。若把信息分成不同的信息组块,可以在听力过程中合理分配注意力,有选择性地将注意力聚焦在有价值的信息上,而不是词汇的听辩上,从而减轻记忆负担,提高理解速度和效率。

三、语块教学法在外语教学的应用

通过以上论述,不难发现组块在外语教学各个环节中发挥的重要作用。那么如何将语块教学法合理应用到外语教学中,促进外语教学水平的提升将是我们探究的重点问题。研究者认为,探讨语块教学法的应用策略的前提是向学习者明确组块的类型和重要性,树立学习者的语块意识,才能进一步根据外语各环节的培养重点和目标有侧重、有方向地探讨具体应用方式。

(一)语块意识的培养

Schimdt(1990)认为任何语言习得都是有意识注意的结果,注意是输入转为吸入的必要条件。因此在外语教学环节中,教师应该通过一系列教学活动引起学生对不同文本语块的注意,通过识别—归纳—复用的过程逐渐形成语块意识,并能够较为熟练地应用词块到阅读、写作、口语、听力等各个外语教学环节中,积极地将接受性知识有效地转换为产出性知识。

语块意识的培养在于鼓励学生通过思考语言范例,继而得出语言使用的结论。为了达到这个目的,教师可以在外语教学中采取如下措施:

第一,向学生传输语块的知识,通过范例介绍语块在外语学习和使用中的功能和优势,使学生产生认同感,从而逐渐转为学习和使用的动力;

第二,课文学习和课后练习文本中,要求学生标出词块,并尝试用同义词块进行替换练习,增强识别能力;

第三,鼓励学生通过阅读、背诵、翻译等多种途径根据个人能力和喜好逐渐丰富心理组块库存，并通过整理归纳同义组块，实现组块的"扩容效应"。

（二）语块教学法的应用

写作领域的应用：高校外语学习者在写作环节的主要问题体现在两个方面：一，缺乏宏观的整体架构意识，篇章意识不足，段落和段落、句子和句子之间逻辑联系不足；二，造句问题：汉语思维＋外语形式的句子不胜枚举，由于缺乏必要的句法知识，作文中汉语思维的痕迹严重，常见多种语内和语外错误（言仁，戚焱：2008）。针对写作教学的问题，研究者认为将组块引入到写作教学可以很大程度上保证语言输出的准确性和流畅性。语块在写作实践的前半段应将重点放在引导学生在句子层面寻求突破口，先学会造好句才能谋划好篇章，教师可以鼓励学生根据想表达的汉语句子，先确定对应的组块，再将组块组织成句子，注意梳理主谓关系及时态语态等问题，如果条件允许的话，还需进行同义组块的补充表达，进行组块扩充练习。在写作时间的后半阶段，学习者对语块组句有一定的了解后，教师需要使学习者进一步清楚语块的相关功能，即语块的宏观组织功能。如学习不同篇章的框架结构，表示话题转换、对比、因果、举例等多种逻辑组块及一定的名言谚语，树立学习者的篇章意识；

阅读领域的应用：Weber（1991）指出，一般情况下，二语习得者在阅读能力方面都要远远低于母语使用者，阅读速度慢是第二语言阅读者进行外语学习的主要障碍。应用语言学和心理语言学的研究证明：加深理解能够加快读速，加快读速也能加深理解。怎样有效地提高学习者的阅读速度是外语教学中亟待解决的问题。研究者认为，阅读教学中引入组块可以促使外语阅读者在阅读过程中实现单词的快速辨认。组块在外语阅读教学环节中主要可以通过以下三个环节训练学习者：第一，语块的快速识别：要求学习者在一组类似语块中找出"目标语块"并圈出；第二，按"语块"阅读文章：教师截取 1~2 段文章，并要求学生进行按"语块"切分，并以"语块"为单位进行阅读；第三，通过关键语块共现主题：这个练习是基于语料库的语境共现的功能，通过检索关键语块来提高学生快速获取文章信息的能力。

口语领域的应用：Nation 认为学习者不能保证口语流利和准确输出的原

因有两个：一是学习者没有积累足够的词汇量，事实上足够多的接受性词汇有助于有效产出；二是学生知道了大量的词汇，但是却不能在适合的交际语境中快速准确地产出，经常出现不会表达或表述有误的情况，久而久之打击了学生外语学习的积极性，甚至恐惧外语输出。针对如上问题，首先教师应该在口语教学中设计一系列教学活动帮助学生树立语块意识，逐渐养成整理和扩充不同类的语块习惯，并当类似话题和语境出现的时候主动输出积累的语块；另外，口语教学中还要注意词块的扩充方式，一方面教师可以提供词汇搭配练习让学生意识到词汇通过搭配不同的成分可以组合成不同的语块，引导学习者将新词按意义进行组块（派生或复合），会加强学习者学习词汇的策略意识，有助于词汇的记忆；另一方面，教师要引导学生根据功能归纳和运用语块：课堂上，教师按照语块的构成形式和语用功能讲授语块知识，同时，把每单元的语块列入生词表中，并作为考核的重点，对于一些常见的、有特定语用功能的句型语块，教师要教会学生区分结构中固定部分和可变部分，鼓励学生针对可变部分有创造性地造句；最后，教师可以通过设计一些控制类活动来增加学习者语块输出的机会，如替换练习、背诵口语文本和限定组块数量和形式表达等形式。

听力领域的应用：听力是学习者获取语言信息的重要过程，在听力过程中学习者容易出现逐字听的不良习惯，由于对词汇缺乏一定的敏感性而过度纠结于部分句子的解析而忽略了篇章整体意义的构建，为了避免这种现象，教师应该注重将语块引入听力教学的方式：听前阶段：教师可以针对听力训练的话题预先提供相关语块，并引导学生针对语块，积极预测话题内容；听中阶段：教师要鼓励学生听取关键信息语块，一般听力文本的开头和结尾及每个独立段落概括性句子应该重点听，与问题直接和间接相关的信息也要认真听。如若对于部分段落学生实在听不懂，教师可以采取挖空文中主要核心语块的练习方式，学习者可以在听录音的过程补充相关核心语块，此类练习有助于训练学习者在听力过程中将主要关注力放在核心词块上而不是独立的无意义的单词上。听后阶段：练习结束后，教师要引导学生根据分类和功能整理和补充语块，并要求学习者利用记录的核心语块重述文章的主要内容，增加相关语块输出的机会，提升记忆的准确性。

结语

语块研究是对语言本质的再认识研究，颠覆了以往传统的以语法为中心的外语教学方式，它作为一种全新的推动力，是对语言习得理论和外语教学实践的一种革新。本论文的研究在概述前人研究的基础上，尝试对语块教学法在外语教学中的阅读、写作、口语、听力四个环节中的应用策略进行了一定程度地探索，但是存在研究深度不够、内容不够全面、缺乏实践数据等问题，未来的语块研究将进一步围绕某一学科的语言教学体系展开全面研究，包括教学大纲的开发、教材建设、评价标准的确立等具体问题。

参考文献

［1］Lewis, M. 1993. The Lexical Approach. Language Teaching Publications.

［2］Lewis, M. 1997. Implementing the Lexical Approach：Putting Theory into Practice. Language Teaching Publications.

［3］刁琳琳. 英语本科生词块能力调查［J］. 解放军外国语学院学报，2004（27）．

［4］胡元江. 口语产出中的语块研究：回顾与展望［J］. 外语教学理论与实践，2011（2）．

［5］罗少茜，赵海永，邢加新. 英语词汇教学［M］. 南宁：广西教育出版社，2016．

［6］马广惠. 词块的界定、分类与识别［J］. 解放军外国语学院学报，2011（34）．

［7］沈敏瑜. 词汇法——一种新的教学路子［J］. 外语界，1999.

［8］卫乃兴. 中国学生英语口语的短语学特征研究——COLSEC 语料库的词块证据分析［J］. 现代外语，2007（30）．

［9］言仁，戚焱. 词块运用与英语口语和写作水平的相关性研究［J］. 解放军外国语学院学报，2005（28）．

［10］周正钟. 语块教学法新探：理论、实证与教学延伸［M］. 苏州：苏州大学出版社，2014．

跨文化交流与异化翻译

吴 博①

起初，人们只把翻译看作一种语言层次之间的变换活动，认为翻译仅仅是从一国语言转换成另一国语言的活动。但随着国际交流日益频繁，对翻译本质认识的逐步加深，人们意识到翻译是促进文化交流的载体。所谓的"文化交流"就是理解吸收其他民族的文化的同时输出本民族文化。因为各个民族、各个国家都有着独一无二的文化，语言属于文化的一部分，正是文化的多样性才让各民族、国家之间产生了彼此不理解的情况。翻译的出现正是为了消除这种隔阂。

翻译是一种跨文化交流，不同文化背景下的两种语言不可避免地存在着巨大的差异：欧美国家信奉基督教，相关词汇、习惯用语、谚语等渗透到语言的方方面面。Holy communion 中文译成"圣餐"，可什么是圣餐呢？圣餐是天主教堂做礼拜时的一种仪式，神父把一小块饼和放入信徒口中，其起源是《圣经》中耶稣在最后的晚餐时把饼和葡萄酒分给众门徒，称这是自己的血肉。中国读者对《圣经》不熟悉，即使看到"圣餐"二字也很难理解背后的含义。英语中还有"God helps those who help themselves" "as poor as the church mouse" "go to hell"之类与基督教文明紧密相关的习语。基督教文化和《圣经》在西方文明中起到了不可估量的作用，深入到人们的思维习惯、语言表达、词汇意义等各个方面。同理，中国作为一个受佛教、道教影响深刻的国家，语言中存在很多具有本土特色的言语。牛津大学汉学家大卫·霍克斯（David Hawks）在翻译《红楼梦》的时候，把"阿弥陀佛"翻译成

---

① 吴博：吉林外国语大学西方语学院法语专业讲师。研究方向：翻译研究。

"God bless my soul"。阿弥陀佛又称无量寿佛、无量清净佛,用基督教中的"god"翻译容易让读者误以为中国人也信奉上帝,削减了中国文化内涵。此外,不同文化熏染下的人们对同样的事物所承载的意义与隐喻色彩有非常不同的理解。在中国,玉有丰富的文化内涵,与高尚的道德情操合为一体,人们往往寓德于玉。"宁为玉碎,不为瓦全"这句话代表了中华民族"威武不能屈"的高尚气节。唐代诗人王昌龄写出过"洛阳亲友如相问,一片冰心在玉壶"的千古绝句,表现了诗人如美玉一般的高洁情怀。关于玉的成语更是举不胜举:冰清玉洁、粉妆玉琢、金科玉律、瑕不掩瑜、如花似玉、琼浆玉液、玉宇琼楼、金玉良言、守身如玉、抛砖引玉……最著名的中国古典小说《红楼梦》更是以"玉"为两位主人公命名:通过"宝玉""黛玉"的名字可见作者想这两个人物倾注了很深的情感。在美国纽约大学中国古典文学教师王良志1927年翻译出版的《红楼梦》和美国哥伦比亚大学中文教授王际真1929年翻译出版的《红楼梦》中,"黛玉"都被翻译成了"black jade",乍一看译文符合原文意义,基本没有问题,可实际造成的结果可谓"失之毫厘、谬以千里"。因为玉石在英语国家并没有类似的文化含义,而且"jade"一词在英语中除了"玉"之外还有"a disreputable woman, a flirtatious girl"的意思,即"放荡的女人、喜欢卖弄风情的年轻女子"。Black Jade 的引申义就是 a loose woman of dark skin:"肤色黝黑的荡妇"。与原文可谓南辕北辙。可见,跨文化交流的实际情况是:不同国家民族的人们往往采用完全不同的形式表达同样的意思。比如在中国、美国、法国等很多国家,头部左右摇晃表示的意思是"不""否定""不行",而同样的姿势在印度则表示"是""同意""可以"。在中国,"黄色电影"指含有色情内容的影片,而用英语表达同样的意思则要用"blue movie"(蓝色电影)一词,法语则用"film rose"(玫瑰色电影、桃色电影)。

在翻译的过程中,为了跨越上述文化差异的鸿沟,译者必然会采取不同文化策略,自觉或者不自觉地靠近源语言或者目标语言的语言形式、使用习惯和文化传统。意大利裔美国学者劳伦斯·韦努蒂(Lawrence Venuti)于1995年出版的《译者的隐身——一部翻译史》(*The translator's invisibility—A history of translation*)一书中,总结了这两种趋势,并且为之命名,明确提出了"异化"(Foreignization)与"归化"(Domestication)两个概念:异化即

"尽可能不扰乱作者的安宁,让读者去接近作者",也就是"偏离本土主流价值观,保留原文语言和文化差异";归化即"尽可能不扰乱读者的安宁,让作者去接近读者",也就是用符合目标语言的习惯和文化传统的等值概念进行翻译。

采取异化翻译策略时,译者可以不受目标语言的传统习惯限制,在适当的情况下采取不十分流畅的语言风格,保留源语言的特点和独特的文化色彩,目标语言读者在阅读过程中虽然有时会有生涩拗口的感觉,但同时能够感受到源语言带来的别样体验和异国文化。异化翻译的目的是为了读者更多地了解异域文化,所以在目标语言的译文中大量保留了源语言的使用习惯和表达方式。从文化多样性的角度看来,异化翻译有助于保护源语言的文化特征,有助于保持文化多样性。目前翻译实践中有相当数量的异化翻译。比如英国作家 J. K. 罗琳的魔幻小说《哈利波特》的"muggle"在中文译本被翻译成"麻瓜",指的是"不懂魔法的普通人"。小说作者为了展示一个常人难以想象、和现实完全不同的魔法世界,创造了许多英语中原来没有的词汇,"muggle"仅是其中之一。中国译本采取异化翻译的策略,保留了音译,同样创造出汉语中本不存在的"麻瓜"一词,要比用归化策略把该词翻译成"凡人""常人"特色更加鲜明,让读者眼前一亮的同时,暗示了这个故事发生在一切不合常理的奇异魔法世界中,更加忠实地表达了作者的原意。具有浓厚华夏韵味的美国动画电影《功夫熊猫》故事发生在虚拟的古代中国,"师父""乌龟"都保留了汉语读音,而没有对美国观众用归化策略译成"master""turtle"。这样的异化翻译策略成功地保持了原汁原味,让观众切实感受到了所叙述故事的东方情调。而且电影的主人公是一只熊猫,这种中国特有的动物更加强化了故事的华夏风格。

异化翻译本身的确有助于保持文化多样性,同时又会促进语言文化的融合,使得语言和文化趋同,让世界各地的人们彼此更加易于交流。汉语中的外来语现象就是最明显的佐证:年轻人把上年纪的女性称为"欧巴桑","可爱"说成"卡哇伊","高手"说成"达人","心机重、奸诈"说成"腹黑";"摆造型"说成"摆 pose","展示"说成"秀","潇洒而又特立独行"说成"酷",还有"扑克""模特""克隆""拷贝""派对""主页""软件""硬件""黑客""闪客"等外来语。另外,当今英汉双语"嫁接词"

和直接采用英文词的情况越来越常见，应用范围也越来越广，比如 VIP 包房、IP 电话、IT 业、AA 制、e 时代、Windows、CEO、WTO……以上外来词进入汉语时间相对比较短，其中一部分新词只在年轻人之间和网络上广泛使用，而汉语中有很多外来词已经深入人心，人们应用这些词的时候习以为常，完全感觉不到它们来自异域，比如在中国古代翻译佛经的时候创造的一些词语：实际、唯心、正宗、忏悔、因缘、真谛、法门、世界、觉悟、刹那、正当、烦恼、出现、方便、相对、绝对、知识、涅槃、大千世界等等。从英文翻译过来的一些的词语，诸如"鳄鱼的眼泪"（crocodile's tears）、"武装到牙齿"（be armed to the teeth）、蓝图（blue print）、"象牙塔"（tower of ivory）、"蜜月"（honey moon）、"冷战"（cold war）、"黑市"（black market）、"黄金时代"（golden age）等，这些由"异化"策略翻译而来的词语成为汉语有机整体不可或缺的部分，丰富了汉语语言。

　　翻译的异化策略和归划策略孰优孰劣，实在难以评论。实际上很少有一部翻译作品完全采取其中一种策略而置另一种策略于不顾的。两种翻译文化策略并不是一对矛盾，合理地配合使用能够得到相辅相成、相得益彰的作用。在翻译中偏重其中一种翻译策略，抑或双管齐下，需要有多方面的考虑，诸如：翻译某具体作品的目的、读者或观众的知识水平以及对源语言文化的认知程度等。

　　在全球化发展的今天，信息流通量空前巨大，流通速度之快前所未有。各个国家民族之间彼此的认识也越来越深刻，各民族的隔阂逐渐缩小，从整体上看，异化策略在全球化进程中似乎占据了优势地位，而异化的结果又导致广义上的归化—原本是异族的语言、文法、习俗为本族接受、容纳、吸收，最终转化成本民族文化的一部分。鲁迅先生提倡的通过硬译法改造汉语的理念实际上已经在当代社会中得以应用，汉语经过外来文化的渗透与自身演化，和鲁迅时代的汉语相比已经大相径庭，而且这一渐变进程仍将继续。从目前全球化的势头看来，语言文化彼此交流融合的速度应该还会更加迅速，在全球大融合过程中一些民族的语言文化或许会部分消失，甚至完全消亡，同时外族的语言文化渗入，逐渐达到你中有我、我中有你、血肉相连、水乳交融的境地，整合成全新的文化。或许将来世界各国终于彻底融为一体，用同一种语言交谈，分享同一种文化，到那时对翻译的研究也只能归入历史学的范畴之内了。

参考文献

[1] 高黎平.《晚清翻译机构与在华美国传教士》[J].《德州学院学报》,第21卷第1期,2005年2月.

[2] 龚其峰.《隐身的"异化"——严复译作研究新探》[J].《河北理工大学学报》第9卷第4期,2009年7月.

[3] 黄健.《章太炎与鲁迅早期思想之比较》[J].《浙江大学学报》,第1卷第2期,1987年9月.

[4] 李寄.《鲁迅传统汉语翻译文体论》[M].上海译文出版社,2008年.

[5] 鲁迅.《鲁迅全集》[M].人民文学出版社,1981年.

[6] 孙静,杨宁伟.《解读"豪杰译"》[J].《牡丹江教育学院学报》2011年第1期(总第125期).

[7] 武锐.《翻译理论探索》[M].东南大学出版社,2010年.

[8] 王小兵.《"削鼻剜眼"与"异国情调"——鲁迅翻译策略选择的新视角》[J].《甘肃高师学报》2007年第12卷第1期.

[9] 肖石英.《现代汉语句法异化及翻译体问题》[J].《当代教育理论与实践》,第2卷第1期,2010年2月.

[10] 谢世坚.《文化翻译的两难境地及出路》[J].《山东师大外国语学院学报》,2001年第3期.

[11] 张芸.《别求新声于异邦—鲁迅与西方文化》[M].中国社会科学出版社,2004年.

[12] 樽本照雄.岳新,译.《关于鲁迅的〈斯巴达之魂〉》[J].《鲁迅研究月刊》2001年第6期.

[13] 张佩秋,刘琦琦.《跨文化翻译中的归化和异化问题》[J].《浙江科技学院学报》,第19卷第4期,2007年12月.

[14] 张莉.《异化翻译在跨文化交际中的应用》[J].《改革与开放》,2010年4月刊.

从"顺而不信"到"信而不顺"
——鲁迅翻译思想的转变

吴 博[①]

一、引 言

在当今全球化、信息化的大背景下,各国交流活动空前频繁,多种形式的翻译作品已经深入到普通人的生活之中,翻译的重要性日益凸显。美国著名翻译理论学家劳伦斯·文努提(Lawrence Venuti)1995 年在他的《译者的隐身》一书中明确提出了异化和归化的概念。殊不知一个多世纪以前,著名文学家鲁迅早已在此问题上有自己独到的见解,并且从清末盛行的"顺而不信"翻译思想中摆脱出来,提出了"硬译"理论。

二、翻译方法分类

清末翻译家严复所提的"信、达、雅"三字为译界公认的翻译标准,而翻译具体的实施方法则常以"直译""意译"两法概括。为了更清晰地说明各种翻译方法的类别,可以根据译作翻译与著述编写比例的大小、译者主观介入意识的强弱,以及译文与原文之间表层形式的相似性、深层意义的契合度为标准,概括如下:

1. 译述:翻译加著述。原文的翻译与译者的著述交相辉映、合二为一。这种方法沿用原作的人物、情节、观点,按照目标语言国家的读者文化背景

[①] 吴博:吉林外国语大学西方语学院法语专业讲师。研究方向:翻译研究。

和阅读习惯进行再创作，原文在篇章层面上已经面目全非，译者兼任翻译、作家二职。

2. 编译：翻译加编写。以一个或者多个文本为基础，参考相关背景资料，在翻译原文的基础上重新编辑编写。和"译述"方法比较，编译译者不做过多的发挥，但为方便目标语言读者阅读，原文结构、形式往往不复存在。

3. 意译：翻译过程中的改动与调整保持在句子与句群层面上，根据目标语言读者的习惯与文化背景做出调整，译文读起来通顺流畅。比如郭沫若的译诗中出现"造化"，许渊冲将"死亡"译成"魂归离恨天"，傅雷译文中出现"御林军""二爷"这类词汇，用文言风格的句子翻译报纸讣告，等等。在保证"信""达"的基础上追求"雅"，讲究译文形神兼备。

4. 直译：以逐字翻译为主。避免使用目标语言色彩浓重的习语、俗语等，保持目标语言可读性的同时尽量保持原作句子风貌。兼顾"信""达"，绝不追求"雅"，不刻意讲求神韵。

5. 硬译：句式结构大体参照原文，尽可能逐字翻译，实在无法变通时采用以句子为单位的译法。"宁信而不顺"，以忠实原文形意为第一要旨，可以牺牲译作的流畅通顺程度，往往为了体现原文风貌而出现译文佶屈聱牙、难以索解的情况。

6. 死译：彻底的逐字翻译、一一对应，语法结构照搬原文，完全按照源语言机械地转码而成。

三、鲁迅早期所遵从"顺而不信"翻译思想的形成原因

清朝末年以"师夷长技以制夷"为宗旨的洋务运动促进了大量外国书刊典籍进入中国，掀起了一个翻译高潮。当时翻译界普遍推崇的理念就是"宁顺而不信"，极度推崇"达""雅"，对"信"看得很淡。即把译述和编译作为翻译的主要手段。这种翻译理念的盛行与当时的社会环境密切相关：

第一，洋务运动初期的翻译模式是外国传教士①口译或者撰写草稿，然后由文笔畅达的中国人记录或者修改。长期在中国担任翻译的英国传教士傅兰雅②这样描述："至于馆内译书之法，必将所欲译者，西人先熟览胸中而书理已明，则与华士同译。乃以西书之义，逐句读成华语，华士以笔述之。若有难处，则与华士斟酌何法可明。若华士有不明处，则讲明之。译后，华士将初稿改正润色，令合于中国文法"。但在当时，无论中西双方，既是专业人士又是译者的人凤毛麟角。众所周知的翻译大家林纾不通外文，依靠魏易的合作才译出多部书籍。虽然中国逐渐派出留学生，谙熟外文的中国人日益增加，但情况的改善依然有限，鲁迅曾经在文章中提及自己年轻时在不十分通晓日文的情况下，就急于翻译的往事。所以当时的翻译实际情况是，译者对原文的很多句子未必明白，只管囫囵翻译，实在译不出来就依据上下文编造，或者索性跳过去。而且，相当数量的科技科普文章涉及各个学科知识，译者与读者双方都不具备这些在发达国家相对普及的知识，翻译的难度可想而知，采取编译方法恐怕也是不得已而为之。第二，当时中国很多翻译作品译自日本，一方面由于中日毗邻，中国留学生人数较多，另一方面日文与中文有很多相通之处，有些词汇可以直接取自日文，省时省力。然而，明治初年的很多日本译者喜欢改变原作主题、结构、人物，对原文增删，把原作进行改写和缩写，被称作"豪杰译"。中国学者对日文译本的翻译又导致对原文的"二次不忠"。第三，清末翻译的政治目的很强，把翻译外国作品视作救国手段，所以有时会对原作内容增删配合政治需要。比如，梁启超在翻译日本小说家柴四郎的作品《佳人奇遇》时，就删除了抨击清朝暴虐统治残害国民的段落。第四，由于长期闭关锁国，中国读者对域外文化了解有限，如果不进行一定的改动，读者难以理解书中内容。第五，若所译书籍销

---

① 英国传教士在上海主办墨海书馆（The London Mission Press）、美国长老会在宁波开办花华圣经书房（The Chinese and American Holy Class Book Establishment），以及广州博济医局（美国传教士嘉约翰，即 John G. Kerr 创办，诊病的同时翻译、编撰、出版过多部医学著作）等，另外，北京的京师同文馆和上海的江南制造局翻译馆里也有众多外国传教士授课、译书。

② 傅兰雅（John Flyer）(1839—1928)：英国圣公会教徒，翻译家。长期在江南制造局任翻译，单独翻译或与人合译西方书籍 129 部（绝大多数为科学技术性质），是在华外国人中翻译西方书籍最多的一人。清政府曾授予三品官衔和勋章。

量大，利润随之水涨船高，翻译自然会迎合读者的口味，对原文做出改动。第六，清朝以"天朝上国"自居，其他国家都属"蛮夷之地"。可是鸦片战争之后屡次受辱，与外国签订丧权辱国条约，读者无形中对某些西方元素有抗拒情绪，本土化译文让读者从情感上更加容易接受。加之部分译者仍守文化上的优越，自觉修改之后优于原作。所以当时编译大行其道也属大势所趋。

再者，严复提出的"信"与以现代翻译理念的"信"意义不同。严复追求的是"译文取明深意""意义不倍本义"；梁启超认为，"凡译书者，当使人深知其意，苟其意靡失，虽取文而删增之、颠倒之，未为害也"；林纾也有相似的观点，"存其旨而易其辞，本义并不亡失"。由此可见当时的"信"指的是尊重原文作者写作主旨，保留原作精神，而不必拘泥于原文的遣词造句、谋篇、风格，和现代翻译界所说的字句层面忠实于原文意思不同。而且严复表示，如果译文不通顺畅达，读者不懂，那么"译犹不译"，所以在这样的指导思想之下，"达"比"信"重要，译文宁可"顺而不信"，编译则是最符合这种翻译理念的具体操作方法。

鲁迅在青年时代对严复、林纾等翻译家非常推崇，更是翻译小说的忠实读者。加之在日本留学期间，鲁迅在书籍翻译的道路上获得了商业上的巨大成功，大多数译书都得以出版。其译述小说《斯巴达之魂》在日本弘文学院的中国留学生中产生巨大反响，同一时期编译的《中国矿产志》被列为清政府中学堂参考书，而且清政府农工商部令各省矿产界和商界购买此书。而且此时的鲁迅坚信洋务运动的思想可以救国救民，引进他国知识，吸收归化，为己所用才是正途。因此，以上因素让鲁迅在翻译初期遵循当时占统治地位的"顺而不信"思想指导。

四、鲁迅向"信而不顺"翻译思想的转变

然而，鲁迅的翻译理念随着国内外形势的转变而逐渐发生变化。1906年章太炎以"革命党之骁将"的身份来到日本，大受留学生欢迎。鲁迅与章太炎逐渐相识，并参加了章太炎的"国学讲习班"特别班，即每周星期天上午在章太炎家中学习《说文解字》《庄子》《楚辞》《尔雅义疏》《文心雕龙》

《汉书》等课程。章太炎批评了只重翻译风格的"文质",不区分翻译文体与创作问题的差异。并且指出了严复《天演论》文体过分注重音韵节奏,八股文味道十足的缺点。在章太炎的指导之下,周氏兄弟(即周树人、周作人)翻译的《域外小说集》得以完成,从此鲁迅的翻译与创作文风转向"朴讷",与清末主导的"雅洁"翻译之风相对。鲁迅由此逐渐摆脱了洋务派翻译家的影响,探寻属于自己的翻译之路,即从文字到风格的各个层面尽量保留原汁原味的"硬译"。

翻译的"朴讷"之风并非始自鲁迅,在唐朝翻译佛经时就采取了"信而不顺"的原则,译作质朴,译文甚至难以索解。而且古时采取尊重原文的译法,很多人名、用法都直接采取音译梵语的方法,这样的译法可以回溯倒推原文的面貌,鲁迅对此有过文章论述,并列举出一些例子,比如南北朝人把印度人的名字译成"阿难陀""实叉难陀""鸠摩罗什婆"……反之,如果一位追求"顺",符合本国读者语言习惯,甚至把人名都本土化,有时反而会引起不便甚至谬误,鲁迅在作品中也举出过因为音译造成错误的例子:"……而中国却是更没有注意到,所以去年Kropotkin死去的消息传来的时候,上海《时报》便用日俄战争时旅顺败将Kuropatkin的照相,把这位无治主义老英雄的面目来顶替了……"鲁迅的"硬译"是在尊重原文,充分保证"信"的基础上的,比如原文说的是'山背后太阳落下去了',硬译出来稍显不顺;可是如果改作'日落山阴',虽然更加朗朗上口,可是原文强调的重点发生了变化,原意以山为主,改了就变成太阳为主了,行文意义上有悖于原作。

采用"硬译"的方法,鲁迅有另一番关于国家存亡的考虑。因为鲁迅始终认为一个国家的盛衰与该国的语言文字息息相关,中国的民族危机原因之一就是汉语的衰微,尤其是文言文,根本无法满足现代文明国家对所使用语言的基本要求,古时候各个国家能够掌握文字的只是少数人,随着时代的发展与科学的进步,发达国家的文字使用已经普及起来,国民知识层次的提高自然促成了国家发展。可是在当时的中国能识字的人仍然很少,能够写文章的更加寥寥无几。而且当时所使用的文言文的音、义都是古时流传下来的,已经与当时的社会脱节,而且有文化修养的国民与不能使用文字的国民难以相互沟通,国家缺乏凝聚力。所以,当时中国语言文字的落后造成了民族精神的颓废，对文字的改造就是对民族灵魂的重塑，白话文的使用与推广意义重大。鲁迅的文学创作与翻译工作很大程度上是致力于废除文言文、推广白话文基础之上。鲁迅觉得汉字不够精密，反映的思维方式不准确，这就需要从外文中引进新的表的方式，改造汉语，正如鲁迅本人所言："…我以为只好陆续吃一点苦，装进异样的句法去，古的，外省外府的，外国的，后来便可以据为己有……"对于"硬译"的可行性，鲁迅也做过深入地考虑，从中国古代与其他国家吸纳外来语和外国的文法的先例中获得启发。借用其他语言的语法改造本国语言，在日本已经获得了成功。而且在中国也一样有诸多通过硬译方法引入外来语的先例。鲁迅指出，唐译佛经，元译上谕，当时很有些'文法句法词法'是生造的，经过一段时间的使用之后，人们逐渐习惯，便纳入了汉语体系。靴，狮子，葡萄，萝卜，佛，伊犁等汉语词汇原来也是直接引入的外来语。在一九二五年创造的'罢工'一词，尽管是新词，但其使用范围不断扩大，越来越多的人对此表示接受，最终成为汉语的正规词语，可见通过外力改造语言的方法是可行的。鲁迅曾经批评国人的惰性，不愿意让自己适应新事物，更愿意让新事物适应自己的旧习惯。国人只有经过痛苦地付出，尝试"不顺"的新事物才会抛弃不合理的旧规则。"硬译"是一种革新民族思维的工具，可以帮助国人通过语言的改变学习西方缜密的思维方式，用外来语的词句和语法充实汉语，借以促进汉语发展，改变国人思维方式，间接促进民族的觉醒。如果只图顺畅，就失去了接触新思想、新文字形式的思考过程。这与鲁迅在日本留学期间弃医从文，改造"国民性"的思想一脉相承。

另一方面，鲁迅没有主张一切文章都要"硬译"，所有读者都要接受"硬译"的译文，应该有的放矢，根据不同类型读者，因"人"制宜。对于那些不识字的民众应该给予图画、演讲、戏剧等直观的艺术形式；对于粗通文字的读者，应该给予中国作家创作的作品和编译、意译等本土气息浓厚的作品；对于受教育程度很高的读者，则可以给予"硬译"而得的作品，让他们费一点力气来消化，从而引进外来词汇。

尽管鲁迅本人认为"硬译"对于汉语乃至中国意义重大，可是他也并没有盲目地推崇。因为鲁迅清楚意识到这种翻译方法必然导致相当数量的失败案例，然而大浪淘沙、泥沙俱下，随着时间的流逝真正有生命力的硬译会自然保留下来，被消化吸收，传承下去，而不合适的硬译将如同渣滓一样沉入水底，最终消失。

五、结语

一方面，鲁迅翻译思想的变化反映出清末民初中国社会面对外来文化态度的转变：清朝末年洋务运动中提出了"中学为体、西学为用"的口号，其实质是希望在保留中国传统文化思想的基础上引进西方科学技术，在保证清朝统治的前提下从技术层面引进外国先进成果使国家强盛。在鲁迅译作中的表现就是为保证符合中国本地读者的阅读习惯，所采取的"顺而不信"的翻译方针。而后随着清朝的灭亡，民国的建立，洋务派相对保守的救国思想的缺点显现出来，当时社会上出现希望中国"全盘西化"的呼声。忧国忧民的鲁迅亲身经历了华夏大地备受欺凌的时代，因此，他希望直接接受西方先进的理念，语言是文化的一部分，可以把引进语言作为媒介，达到强国强民的目的，其译作指导思想因此转变成"信而不顺"的硬译。

另一方面，鲁迅在不同的历史时期面对不同的意识形态不断构建自身的文化身份，其翻译思想与文化身份相对应：鲁迅早期在翻译界崭露头角的时候属于拥护清朝末年洋务运动思想的开明封建文人，希望清廷通过自上而下的循序渐进的变革是中国强大，其思想方式与叙事方法都属于文人士大夫的风格。而在残酷的事实面前鲁迅不得不痛定思痛寻找新的救国之路，其文化身份发生变化，逐渐变成民主革命人士，主张从文字思想上唤醒国民，彻底打破旧制度的桎梏，对旧的文言文提出挑战，大力推行新文化运动，希望引进全新的语言系统改变国人的陈旧思想理念。由此，其翻译思想随着自己的文化身份变化而变化，根据自己对救国理念理解的变化而变化，从初期的"顺而不信"自然而然地走向最终的"信而不顺"。

参考文献

[1] 龚其峰.《隐身的"异化"——严复译作研究新探》[J].《河北理工大学学报》第9卷第4期，2009年7月.

[2] 高黎平.《晚清翻译机构与在华美国传教士》[J].《德州学院学

报》，第21卷第1期，2005年2月.

［3］黄健.《章太炎与鲁迅早期思想之比较》［J］.《浙江大学学报》，第1卷第2期，1987年9月.

［4］李寄.《鲁迅传统汉语翻译文体论》［M］.上海译文出版社，2000.

［5］鲁迅.《鲁迅全集》［M］.人民文学出版社，1981年.

［6］李望华.《鲁迅翻译思想嬗变与身份建构》［J］.《顺德职业技术学院学报》，第10卷第2期，2012年4月.

［7］孙静，杨宁伟.《解读"豪杰译"》［J］.《牡丹江教育学院学报》2011年第1期（总第125期）.

［8］武锐.《翻译理论探索》［M］.东南大学出版社，2010年.

［9］肖石英.《现代汉语句法异化及翻译体问题》［J］.《当代教育理论与实践》，第2卷第1期，2010年2月.

［10］张芸.《别求新声于异邦——鲁迅与西方文化》［M］.中国社会科学出版社，2004年.

［11］王小兵.《"削鼻剜眼"与"异国情调"——鲁迅翻译策略选择的新视角》［J］.《甘肃高师学报》2007年第12卷第1期.

［12］樽本照雄，岳新，译.《关于鲁迅的〈斯巴达之魂〉》［J］.《鲁迅研究月刊》2001年第6期.

［13］张佩秋，刘琦琦.《跨文化翻译中的归化和异化问题》［J］.《浙江科技学院学报》，第19卷第4期，2007年12月.

跨文化交际能力对法语口语的影响

马 琪[①]

在全球化思潮的促动下，跨文化交际已经成为语言学以及外语教学的一个焦点问题，获得了充分重视。然而在国际交往过程中，文化误读的现象层出不穷，时有发生。语言与文化多样性的存在使得跨文化交际充满了困难与挑战，面对这一现象，外语教学中除了教授学生良好的语言水平，培养学生优秀的文化意识也是十分重要的。口语通常是跨文化交际的最直接体现和最重要的运用，与之相反的是口语却是最容易产生文化误解的环节，那么在法语的口语教学中跨文化交际能力就显得尤为重要，我们应该传授学生不同文化的差异，培养学生跨文化交际的意识，由此激发出学生对跨文化交际产生浓厚的兴趣。

一、跨文化交际的意义

现代社会中，得体有效的交际行为，是成功的要素之一。"跨文化语境中，交际的成功带来财富、和平、发展机会；交际的失败导致偏见、冲突、敌对局面。信息化、网络化、数字化、全球化，极大地丰富了现代人们的生活。与此同时，跨文化语境中交际活动与日俱增，既有成功的案例，也有失败的教训。"（2011：236）不同的语言，其表达方式各有差异，汉语中某些常用的说法法语中未必存在，反之亦然，这样的情况在跨文化交际中比比皆是。

[①] 马琪：女，吉林外国语大学，讲师。研究方向：社会语言学。

例如法语中的代词十分丰富，用法就十分复杂，因此学生对法语代词的使用经常存在困难。法语中的 tu（你）和 vous（您）的用法，如果在课堂或课后练习中习惯了用 tu，在某些正式场合也会不恰当地使用 tu，就会发生交际上的错误。而且由于 tu 这一代词所对应的动词变位相对简单，学生往往更喜欢用 tu，这种在忽视语言场合，选择错误的语域是学习外语最常犯的错误。所以我们必须重视并加强跨文化交际的教学才能尽量减少和避免这一错误现象的出现。再例如，法语中用 "Qui m'aime, aime mon chien."（爱屋及狗）的说法，中国有"爱屋及乌"的看法。两条谚语，表示了两种文化对于不同动物与人类关系截然不同的看法，不了解期间的差异，也会导致不快，甚至误解。不同文化对于不同宠物的态度，也是萝卜白菜，各有所爱，无法一致的。法国文化对于宠物狗的概念与中国文化完全不同，如果不加区别，生搬硬套就会引来麻烦。

二、学生口语中跨文化交际能力的障碍

近年来高校法语专业教学对口语能力的培养越来越重视。我们千方百计努力提高法语的目的其实是达到能够更好地进行思想交流的目的。而想要做到无障碍的交流，就不仅仅是简简单单的对话本身了。这就要提高跨文化交际的能力，因为法国地处遥远的欧洲大陆，中法两国在历史、文学、思维方式、生活习惯、人们的价值观等诸多方面都存在着极大的区别，这些区别使得我们在交流中会遇到困难。那么想要正确地交流就应掌握跨文化交际的能力。

（一）语言水平

语言是文化的载体，跨文化交际过程中离不开语言的支撑，语言与文化相辅相成，我们只有在一定口语水平的基础上才能够切实地提高跨文化交际水平，因此语言水平的提高是培养跨文化交际能力不可回避的问题。目前高校法语专业的学生基本都是零起点，在较短的时间内，在口头上用准确的语法和正确的选词来表达他们的想法困难较大。另外，目前的法语教学加强了词汇、语法、句法等教学来培养学生的跨文化能力，当前高校对低年级学生这方面能力的培养不足。

（二）环境因素

学习环境直接影响着交际水平的发挥，语言学习者在教室中使用的交际方法比在真实生活环境下所使用的少得多。不同的学习环境或是交际环境都会对正常交际产生一定影响。学生在学校学习中与外教接触的机会较少，因此仅仅是从书中看到或从老师口中听到，这对于他们全面认识并了解两国的文化差异，成功进行跨文化交际还是远远不够的。

三、法语口语教学中提高学生跨文化交际能力的策略

忽略语言场合，"选择错误的语域，是外国人学习另一种语言最常犯的错误"。(2005：112）为避免跨文化交际错误的发生，教师作为课堂的组织者，应该改变并探索更加有效的教学模式，使得学生将语言知识的学习融入语言使用中，感受鲜活的语言交际，以此来提高学生跨文化交际能力。

（一）营造轻松的教学环境

受传统文化影响，中国学生性格相对内敛，因此在外语学习中，中国学生往往在语法、词汇、阅读、写作等方面比较优秀，而口语却是我们的弱点。尤其是性格比较内向的学生在开口讲外语时更是容易怯场、害羞，因怕出错而不敢讲话。对此教师应该营造一个轻松愉悦的课堂环境，教学内容要循序渐进，由浅入深。并应该注意纠错的方式方法，学生说话中出现了发音或语法错误不要经常打断他，甚至可以忽略不太重要的错误，并积极鼓励学生，如果学生在口语学习中充满了成就感就会产生强大的学习动力和兴趣。

（二）丰富教学模式

在讲授课本内容的同时应时刻灌输法国文化知识，法国文化知识并不是只能在法国文化课或文学课等专门的课程上讲授，而是教师应该从大一开始的每门课上都有意识地灌输，循序渐进地让学生在不知不觉中就了解到很多法国文化知识。例如在精读课的 Vous ressembliez à la France 这一课中就可以让学生讲述他们所了解的法国二战时期的故事，或查阅法国二战时期的历史，在课堂上同学们就可以互相交流分享这些历史知识。这样学生既巩固了已掌握的课本知识，又提高了运用知识的能力。

（三）角色扮演

角色扮演是参与者互动的一个活动，具有很强的趣味性。在活动中，教师可以设计一个故事背景，给学生提供两个或多个角色，这样可以使他们获得一种强烈的真正交流的感觉。例如：两个同学可以表演购买过车票的过程，一个人扮演售票者，另一个扮演购票者，要讲清车票的时间、目的地、票种等所有信息。再例如：一个学生扮演导游安排游客行程、出发时间、参观的景点、旅游途中的各种注意事项等，另外一个或若干个学生扮演游客，在旅游过程中向导游提出问题，描述自己参观的感受等。

（四）哑剧

哑剧似乎并没有练习到口语，无法提高学生的口语能力。但事实上，对于学习法语的学生来说，哑剧却是提高跨文化交际能力的一个非常好的方法。不同于中国人，法国人讲话时的肢体语言和面部表情十分丰富，肢体语言也是他们表达自己思想的一个重要且十分常用的另一种语言，学习各种肢体语言对于跨文化交际也是十分重要的。可以要求学生表演一些简单的哑剧动作，比如：吃饭、观看比赛等。例如表演吃东西，一个同学表演，同时在教室里的其他同学可根据表演来猜测表演的是什么，并做出评价。

（五）引进多媒体技术

在当今多媒体技术高度发达的背景下，我们的外语教学也要充分利用科技进步带来的便利条件，多媒体是教学中吸引学生、寓教于乐的一种好方法。例如播放一些视频或图片给学生，学生可以充分自己的想象力来描述自己所见到的东西。法国几乎每个大大小小的城市都建有教堂，学生对于最著名的巴黎圣母院、圣心教堂一定会充满了兴趣，可以让学生看这些教堂的图片，感受法国浓厚的宗教文化，那么学生就不难理解法语中常见的有关 Dieu 上帝的谚语，例如：Chacun aime soi, Dieu aime tout le monde. 人人为自己，上帝为人人；L'homme propose, Dieu dispose. 谋事在人，成事在天；Dieu mesure le vent. 吉人自有天相。另外，通过电影也可以了解原汁原味的法国生活，从电影中可以学到比较口语化的词汇和表达方式。

（六）利用课外活动

在第二课堂中练习口语，了解法国文化。例如在一些西方特有的节日举行法语晚会，或开展法国概况知识竞赛等是不错的办法。如圣诞晚会，法语圣诞歌、诗歌朗诵、情景表演、小游戏和戏剧表演。有的短剧可以根据课文或者经典话剧改编。这种自导、自演是对原作的在创作，不仅加深了学生对文章的理解，而且也锻炼了学生的实践能力，发挥了他们的表演才能。

（七）增加社会实践

随着中国经济的快速发展，来华的外国人越来越多，我们应该尽量创造社会实践机会，使得学生在实践中提高自己的跨文化交际能力。例如，中国的旅游业吸引越来越多的外国游客，高年级的学生就可以尝试给外国人做导游。此外，在经贸方面也有不少实习机会，比如一些经济洽谈会、商品博览会等，学生如果能够参与进去就可以和地地道道地法国人交流，真正地锻炼口语的跨文化交际能力。

四、结语

在学生的口语教学中培养跨文化交际能力，是一项极为艰巨的任务，充满了误解陷阱。因此，距离这个良好愿望的实现，还有相当漫长的道路要走。面对这种困难，我们要勇于创新，并从大学法语教学初期就开始注重学生跨文化交际的能力，为学生创造良好的口语学习环境，激发他们的学习兴趣，促进法语教学水平的提高。

参考文献

[1] 方仁杰. 法语社会语言学 [M]. 长春：吉林人民出版社，2005.

[2] 胡壮麟. 语言学教程 [M]. 北京：北京大学出版社，2011.

跨境电商背景下经贸法语人才培养策略

马 琪①

随着新的经济发展需求，新的商务平台的建立，企业与社会对外语人才有了新的要求。我国国内高校一直致力于研究培养经贸外语类复合人才，但面对新的商务平台、经营模式等现象的出现，经贸外语类人才的素质还难以达到新型经济事务的要求，尤其是小语种经贸类人才更是短缺。

一、经贸法语人才培养对于跨境电商发展的重要性

首先，我国跨境电商发展迅猛，其交易规模呈逐年扩大趋势。2014年跨境电商规模仅为3.8万亿元，2017年几乎翻了一番，为7.3万亿元，到2018年交易规模达8.8万亿元，预计今年将突破10万亿元。跨境电商正在颠覆传统的对外贸易模式，成为中国未来对外经济发展新的增长点。

其次，除了法国之外，全球拥有众多法语国家，随着国家"一带一路"政策的提出和实施，以及中国与法语国家贸易来往的日益密切，经贸法语人才已经成为中国外向型企业不可或缺的资源。中国与法国、比利时、瑞士、加拿大等经济较发达的国家历来经济来往频繁，而随着中国企业对非洲的投资项目不断增多，以及各种援建项目的相继展开，经贸法语人才已经形成了供不应求的状况，而跨境电商对于经贸法语人才的需求更是出现了紧迫性。

最后，在互联网技术飞速发展的今天，经贸法语的作用与以往在实体贸易中所发挥的作用已经发生了很大的变化。在以往的外贸交易中，买卖双方

---

① 马琪：女，吉林外国语大学，讲师。研究方向：社会语言学。

主要是以见面会谈、电话、邮件等方式进行沟通,语言的听、说、读、写、译水平的重要性不言而喻。而如今,跨境电商的沟通方式更加高速、及时,交易进程明显加快,尤其在订单、付款方式、物流等环节减少了以往的传统交易环节中的弊端。那么,在跨境电商的交易中,一个人可能会同时面对来自不同国家的对象,因此相较于传统的外贸交易,对于从业者的综合素质和实际操作技能要求更高。例如,一个人可能同时在互联网上与来自欧洲的法国、美洲的加拿大、非洲的阿尔及利亚三国客户沟通,三个国家虽然都是法语国家,但各个国家的习俗、文化、宗教信仰、经济、政策、法律等方面存在差异,因此要求从业人员熟悉不同国家及地区的人文环境,尊重交易对象的消费习惯,才能成功达成对外贸易的目的。

二、跨境电商背景下经贸法语人才的培养模式

面对跨境电商法语人才能力不足,数量短缺的现象,学校和用人单位应共同努力,才能从根本上解决这一问题。企业向学校提供相应的支持,从而打造有效的培养环境,事实上也减少了企业后期对员工的培训成本。

第一,在教师的授课中,法语国家与地区的文化知识导入是必不可少的,学生只有准确了解来自不同法语区消费者消费习惯、文化特性才能在贸易中发挥应有作用。

第二,在课堂上进行实际演练,利用现有资源,在电子商务的网站上进行操作,例如学生可以在阿里巴巴、亚马逊法国等跨境电商平台上注册,在现实的跨境交易平台上实践学习。同时,将企业引入学校,为学生提供资金、货源、项目、技术支持等。企业派专门的培训人员到学校,培养学生的境外营销推广、客户与订单开发、业务洽谈、外贸订单处理、国际物流应用、外贸业务售后等方面的能力。

第三,增加学生深入企业实习的时间,可以借鉴法国等发达国家"工读交替"的培养模式,在学生完成了前四至五个学期学习,掌握了法语基本的听、说、读、写、译能力之后,深入企业实习。更加深入地了解电商外贸业务的运营模式,培养学生在外贸活动中各个环节的动手能力。另外,学习也可以与电商企业签订合同,在校外企业中建设实习基地,给学生提供更多顶岗实习的机会。以这一策略实现开放式办学,既提高了法语经贸课程的教学水平,也使得电商企业可以更加高效地招聘到所需的人才。

第四,培养和引进具有跨境电商背景的专业教师。高校的法语教师大多是法语专业毕业的硕士或博士,毕业后直接担任教学工作,并无从事电商贸易工作的经验。因此,我们应该完善教师培训机制,增强法语教师培训力度,可以采用在职进修、挂职锻炼等方式或利用假期时间,使教师深入企业学习。然而,有机会进入电商企业工作的教师毕竟占少数,因此教师之间应该展开频繁有效的交流,可以互相分享经验,组建专业团队,有计划有步骤地培养整个专业的双师型教师队伍。

与培训教师相补充的就是引进企业人进学校。学校可以定期邀请企业工作人员为学生做讲座或实战培训,或聘请企业人员在学校做兼职甚至全职教师,直接参与经贸法语教学工作。

五、结语

综上所述,在跨境电商迅猛且对法语专业毕业生有大量需求的背景下,高校的法语专业教学也应顺应社会发展的趋势,改革教学方法,整合教师资源,全面展开与跨境电商企业的合作,提升毕业生综合素养,从而促进我国跨境电子商务的普遍发展。

基于建构主义理论支架教学模式的法语写作课堂探索

刘晓霞[①]

引 言

《高等学校法语专业基础阶段教学大纲》中对于写作能力的要求为"书写工整，格式正确，符合正字法；第一学年借助系列画面的提示，能在25分钟内写出100个单词左右的短文，内容连贯，无重大语法错误。第二学年能借助系列画面的提示或根据命题，能在40分钟内写出150个词左右的短文，内容连贯，层次清楚，无重大语法错误；会运用复合句，表达符合书面语的要求。"（国家教育委员会，1999）

2014年起至今，高等学校法语专业四级考试的书面表达题目为看图作文，近三年的全国平均分依次为6.04、8.72和7.67，三年平均分为7.48，然而书面表达部分的满分为15分。可见，全国法语专业学生的平均写作水平没有达到《高等学校法语专业基础阶段教学大纲》中的规定。所以，法语写作教学课堂的设计值得教师们探索。本文作者将从建构主义学习观出发，试将支架式教学模式应用于法语写作课堂，以期有助于增强课堂教学效果，激发学生的书面表达兴趣，进而提升其法语书面表达能力。

一、建构主义学习观和支架式教学的内涵

建构主义学习法可以追溯到18世纪的哲学家维克（Giambattista Vico），

[①] 刘晓霞：吉林外国语大学副教授。研究方向：法国文学、法语教学。

他认为，人只能明白他自己建构的东西。20世纪90年代以来，建构主义理论在全世界范围内引起了教育革命，建构主义学习理论的不断完善促进了现代外语教学的发展（郭晓英，2009）。束定芳、庄智象主编的《现代外语教学：理论、实践与方法》一书对建构主义学习观的核心概括如下：第一，学习是一个积极主动的建构过程，学习者不是被动地接受外在信息，而是主动地根据已有认知结构有选择地注意和知觉外在信息，建构当前事物的意义。第二，这种建构过程是双向的：一方面，通过使用先前知识，学习者建构当前事物的意义，以超越所给的信息；另一方面，被利用的先前知识不是从记忆中原封不动地提取，而是要根据具体事例变化了的情形重新建构，从而得到调整、丰富和发展。第三，意义具有主观性，学习者个人经历的差异导致对相同事物意义建构的多元化。由此可见，建构主义学习观充分肯定了学习者在认知过程中的主动地位（束定芳、庄智象，2008）。

20世纪30年代俄罗斯心理学家和哲学家维果茨基（L. S. Vygotsky）的最近发展区理论进一步发展了建构主义学习观。最近发展区理论（ZPD for Zone of Proximal Development）的主要观点是：独立解决问题能力较差的学习者的水平，在成人的指导下或与能力较强的同伴的合作中可以得到提高。ZPD指的是学习者现有水平与即将取得的潜在发展水平之间的距离。20世纪70年代，美国教育者在吸收、发展维果茨基最近发展区理论基础上，提出了支架式教学的教育理念，该教育理念强调以学生为中心的教学过程中的师生间互动（高稳，2005）。根据欧共体"远距离教育与训练项目"（DGXIII）的有关文件，支架式教学被定义为："支架式教学应当为学习者建构对知识的理解提供一种概念框架（conceptual framework）。这种框架中的概念是为发展学习者对问题的进一步理解所需要的，为此，事先要把复杂的学习任务加以分解，以便于把学习者的理解逐步引向深入。"（张明芳、周晶志，2006）可见，支架式教学强调先分解复杂的学习任务为学生已有水平可完成的简单任务，再逐步引导学生完成复杂任务，达到学生的潜在发展水平。所以，支架式教学由以下几个环节组成：第一，搭"脚手架"，围绕当前学习主题，按"最近发展区"的要求建立概念框架；第二，进入情境，将学生引入一定的问题情境；第三，独立探索，让学生独立探索确定与给定概念有关的各种属性，让学生自己能在概念框架中继续攀升；第四，协作学习，通过小组协商、讨论的方法，在共享集体思维成果的基础上达到对所学知识的意义构建；第五，效果评价，内容包括自主学习能力、对小组协作学习所做出的贡献和是否完成对所学知识的意义建构（张明芳、周晶志，2006）。

二、支架理论在法语写作课堂上的应用

本部分笔者将通过设计一系列的课堂活动，以2015年法语专业四级考试的看图作文"如何为妈妈庆祝生日"为任务（朱烨，2015），引导学生完整地叙述图中所画内容，顺利地写作一篇记叙文，来阐述如何把支架式教学模式应用于法语写作课堂。

（一）搭脚手架

一年级下学期的法语专业学生已经学习过如何叙述某人在一天当中的活动。所以，为了激发学生的写作兴趣，首先让学生每四人一组，就以下话题讨论：Si vous êtes chez vos parents, comment vous allez passer la fête des mères？

针对这个话题，学生很容易开口，积极发言。他们所列出的庆祝母亲节的活动有：acheter un bouquet de fleurs、inviter la mère au restaurant、préparer un repas pour elle、acheter un gâteau，acheter des produits cosmétiques 等。经过头脑风暴，学生情绪高昂，对用法语写作为家人过节这样的内容不再产生恐惧。

（二）进入情境

活动1：视听输入

接下来，笔者播放了一小段视频，为学生营造一个真实的法语语言环境，把学生带入到叙事的记叙文语境中。这段视频讲述的是在法国一家公司内，办公室同事们为某一职员庆祝生日。观看前，笔者提出如下问题，要求学生观后作答：

1. Qui offre des fleurs à Benoît ? Et pourquoi?
2. Comment a–t–on célébré l'anniversaire de Benoît?

看后回答第一个问题比较容易，但是对于第二个问题的回答则需要小组讨论。此时，教师提醒学生需要找出 qui、que、où、quand、comment、pourquoi 六要素。经过学生之间的激烈讨论，他们基本能够叙述出同事们是如何为博努瓦庆祝生日的。

视听输入有助于学生带着顺应的心态进入学习，能够攫住学生的好奇心，去关注事件的发展和每个角色的台词。小组讨论后回答问题，既能给学生营造轻松的课堂学习氛围，又能激发学生的表达欲望，锻炼学生的口语表达能力。同时教师帮学生解决词汇和语法问题，鼓励学生提高表达的准确度和丰富度。

活动2：词汇积累

鉴于学生在写作时经常面临词汇缺乏的困境，笔者又设计了词汇积累活动。笔者让学生以小组为单位，再次观看此段视频，摘录其中对于庆祝生日有用的词汇和词组。学生摘录如下：bientôt、anniversaire、un bouquet de fleurs、aimer、offrir、joyeux anniversaire、des verres、des bouteilles、des petits gâteaux、à la tienne、santé。

笔者要求学生对于视频中听得不确定的词汇进行讨论，必要时求助于电子词典或教师。列出词汇之后，教师要求学生提问其它组同学是否已经掌握他们所摘录的词汇，比如 offrir 的用法、à la tienne 的使用语境等。

活动3：语法练习

除了词汇缺乏，学生在写作时还面临着时态乱用的困境。或从头至尾只用最简单的直陈式现在时，或将来时和过去时杂糅使用，致使叙述乱而不顺。对此，笔者又设计了两个小写作任务，分别练习复合过去时和简单将来时：

1. Comment avez-vous célébré la fête des mère l'année dernière?

2. Que ferez-vous pour célébrer la fête des mère cette année?

由于任务明确，学生在写作时有意识地避免了时态的混淆。一位学生的写作如下：

1. L'année dernière, je préparais pour le Gaokao, donc j'ai juste téléphoné à ma mère pour lui souhaiter une fête joyeuse.

2. Cette année, j'envoyerai un bouquet de fleurs et des petits gâteaux à ma mère.

笔者设计了视频输入、词汇积累和语法练习三个环节，用视频输入将学生带入叙事的真实语言环境，然后通过词汇积累来帮助学生养成从篇章输入中汲取词汇并掌握应用之的学习习惯，最后的语法练习助学生养成时态观念。这些环节有益于引导学生进入语言的应用情境，为后面的看图作文做好前期铺垫。

（三）独立探索

在被输入了一定量的词汇和语法之后，学生需要了解记叙文是如何展开叙述的。故，进行篇章阅读并理出叙述线条，就是此时该做的练习。所以笔者又设计了以下三个活动：

活动1：词汇输入

笔者下发给学生一篇文章，要求学生带着问题阅读并找出文章作者是通过哪些词组把内容连接起来，建构成一篇完整的记叙文。同时，笔者要求学生注意文章中词汇和语法的使用。问题如下：

1. Qu'est-ce que Guy et moi avons fait pour célébrer l'anniversaire de Catherine?

2. Qu'ont-fait nos parents pour son anniversaire?

L'anniversaire de Catherine

Hier, c'était l'anniversaire de ma soeur Catherine：elle a 16 ans. Comme tous les jours, elle s'est levée tôt et elle est partie se promener au parc, avec Caroline. Nous, les garçons, on a préfére rester à la maison. J'ai pris un livre et j'ai commencé à lire. Guy m'a appelé une demi-heure plus tard. Et puis, on a préparé ensemble un gâteau pour l'anniversaire de Catherine.

À midi, Catherine est rentrée seule, elle a préparé le repas. On a commencé à manger. À la fin du repas, Guy a apporté notre gâteau. Catherine a crié："Quelle surprise！" Elle nousa embrassés, tout le monde a ri. À ce moment-là, nos parents sont rentrés avec un autre cateau pour Catherine. Mais quelle surprise：encore un gâteau！

回答问题之后，学生们找出的连接内容、体现叙述层次的词汇如下：hier、comme tous les jours、et puis、à midi、à la fin、à ce moment-là。

活动2：逻辑训练

学生意识到连接文章内容的时间或逻辑标志后，笔者又添加了一些连接词，让学生做逻辑思维训练。于是，笔者把之前所播小视频中发生事件罗列如下，让学生们排序：

1. Benoît découvre les fleurs, des verres, des bouteilles et des petits gâteaux.

2. Le téléphone sonne. Benoît prend l'appareil.

3. Laurent et Benoît entrent dans le bureau de Nicole.

4. À l'agence, Laurent entre dans le bureau de Benoît.

5. Benoît fait un signe à Laurent et ils sortent.

6. Tout le monde crie: Joyeux anniversaire!

7. Annie et Nicole ont acheté un bouquet de fleurs.

8. Annie et Nicole ont parlé de l'anniversaire de Benoît.

9. Tous lèvent leur verre et souhaite bonne santé à Benoît.

学生们很快就排出顺序：H – G – D – B – E – C – F – A – I。

接着，笔者让学生用如下词汇把上面的句子连接起来：et puis、ensuite、à la fin、donc、quelques minutes après、à ce moment – là、un jour、en même temps。第一句已给出：

1. <u>Quelques jours avant</u>, Annie et Nicole ont parlé de l'anniversiare de Benoît.

2. <u>Donc</u>, Annie et Nicole ont acheté un bouquet de fleurs.

3. <u>Un jour</u>, à l'agence, Laurent entre dans le bureau de Benoît.

4. <u>À ce moment – là</u>, le téléphone sonne. Benoît prend l'appareil.

5. <u>Et puis</u>, Benoît fait un signe à Laurent et ils sortent.

6. <u>Quelques minutes plus tard</u>, Laurent et Benoît entrent dans le bureau de Nicole.

7. <u>En même temps</u>, tout le monde crie: Joyeux anniversaire!

8. <u>Ensuite</u>, Benoît découvre les fleurs, des verres, des bouteilles et des petits gâteaux.

9. <u>À la fin</u>, tous lèvent leur verre et souhaite bonne santé à Benoît.

活动3：撰写提纲

学生们在综合法语课堂上学习过各种连接词，所以在书面表达中，他们要做的就是深刻认识到连接词的重要性并有意识地应用之。因此，在标注连接词和用连接词衔接句子这两个环节之后，笔者给出本节课的看图作文题，让学生们进行小组讨论撰写提纲。

在学生讨论的过程中，教师提醒他们注意确定文章的体裁、主题、时态、内容和连接词。很快，学生们基本都决定写一篇记叙文，主题是庆祝妈妈的生日，由第一幅图确定时态为简单将来时，内容是主人公打算通过做家务、带妈妈看电影、做长寿面、吹生日蜡烛并许愿等四项活动来庆祝妈妈的生日，连接词方面会用到 d'abord、et puis、ensuite、à la fin 等来表示事件的先后顺序。例如，其中一组给出的提纲是：① Ce sera bien l'anniversaire de ma mère. Que ferai – je? ② Je compte faire quatre choses. ③ Cette journée sera magnifique.

笔者认为，在独立探索阶段，学生的主要任务就是通过大量阅读来积累表示逻辑关系的各种连接词，模仿他人如何恰当地使用连接词来把内容顺畅地衔接起来，做到通篇思路清晰。所以，在大量的课外阅读中训练词汇积累和抽取提纲必不可少。

（四）协作学习

在列出了写作提纲之后，小组就要开始进行扩展段落的写作。本次看图作文中，主人公刚好打算做四件事情来庆祝妈妈的生日，所以按照上课之初的每四人一组，每人写一件事情即描述一幅图，最后小组讨论每幅图之间用什么连接词来过渡。在此过程中，教师提醒同学们注意词汇和语法的正确使用，行文的连贯性和一致性。

每个小组合作写完一篇文章之后，笔者要求学生先在组内修改合作成果，然后换组朗读并批阅其他组的文章，经小组讨论给出修改建议，必要时向教师提问。其中一组用图 1 引题，写道（语法错误已修改）：Ce sera bien l'anniversaire de ma mère. Il me faut le fêter. Alors, que ferai – je ce jour – là? 对图 2 的描述是：Ma mère fait le ménage tous les jours. Elle a le droit de se reposer pour son anniversaire. Donc, je ferai le ménage de la maison d'abord. 值得注意的是，本段中学生已经使用了 tous les jours、donc 和 d'abord 三个连接词。该组学生对图 3 的叙述为：Ensuite, nous irons au cinéma et nous prendrons plaisir à voir un film. 图 4 展开为：A midi, je cuirai à l'eau un bol de nouilles pour souhaiter la bonne santé à ma mère. 图 5 的叙述是：Après – midi, je lui achèterai un gâteau d'anniversaire. Plus tard, toute la famille qui entourera ma mère lui donnera la bénédiction. En même temps, ma mère soufflera les bougies et fera un voeu. Enfin, tout le monde lui offrira les cadeaux et partagera le gâteau d'anniversaire. 在对此三幅图的叙述中，该组同学先后用了 ensuite、à midi、après – midi、en même temps、enfin 等表示时间或事件先后顺序的连接词。可见，前面探索阶段的训练是行之有效的。

在小组评阅完其他组的作品后，再取回本组的文章，进行讨论，汲取他组的好词美句，再次进行修改，然后交给老师。

在协作学习阶段，教师组织学生一起讨论、研究展开提纲。教师提供策略上和评价上的支持。学生能够轻松愉快地进入写作，把教师之前讲授并练习过的关键点都应用在写作中。通过评改他人作文，学生们还能学习他人在写作中的优点长处，来更加丰富自己的写作。

（五）效果评价

教师在批改完每组的作文之后，在下次课堂上就学生们在合作学习中的态度和贡献，以及仍然可改进的方面进行了评价。鼓励学生们继续努力丰富词汇并正确使用之，逐步减少语法和句法错误，提高语篇的连贯性和一致性。另外，要求学生按照教师所教方法，主要应用简单将来时，撰写另一篇看图作文。

支架式教学模式通过教师为学生搭建支架，提供各种支持，将复杂的写作任务化解成简单的任务，逐步递进、反复练习，帮助学生达到会看图写作一篇记叙文的水平。相比传统的"教师讲解—布置作业—课后写作—收作业批改"无互动写作课堂，应用支架式教学模式的写作课堂有助于减轻学生对于书面表达的恐惧，激发学生的写作兴趣。在学生的写作水平逐步提高之后，教师可以适当地撤走支架，实现学生的自主写作。

结语

本论文从国内法语专业大学生的书面表达能力普遍不能达到《高等学校

法语专业基础阶段教学大纲》这一现状入手，简述了建构主义学习理论的支架式教学模式，并将其"搭脚手架—进入情境—独立探索—协作学习—效果评价"的五个步骤应用在一堂法语写作课中。笔者试图为国内法语专业教学在写作方面多探索出一种方法，以期能对于提高法语专业学生的书面表达水平尽绵薄之力。

参考文献

［1］高稳. 支架式教学模式研究［J］. 校长阅刊, 2005（12）.

［2］国家教育委员会. 高等学校法语专业基础阶段教学大纲［M］. 北京：外语教学与研究出版社, 1999.

［3］郭晓英. 基于建构主义理论的大学英语写作教学研究［J］. 中国外语, 2009（07）.

［4］束定芳, 庄智象. 现代外语教学——理论实践与方法［M］. 上海：上海外语教育出版社, 2008.

［5］张明芳, 周晶志. 建构主义教学模式中支架式教学及对外语写作教学的启示［J］. 江西教育学院学报（社会科学）, 2006（08）.

［6］朱烨主编. 法语专业四级考试答题技巧与模拟测试［M］. 北京：商务印书馆, 2015.

从法国谚语汉译透视中法文化的契合性

刘晓霞①

一、引 言

谚语是一个民族的语言精髓，它以令人拍案叫绝的概括力准确地体现出纷繁芜杂的社会现象的本质。谚语具有"透过现象看本质"的强大力量和一针见血的揭示本领。正因如此，谚语也最能体现一个民族的文化内涵，诸如习俗、道德观、价值观和情感取向等。通过谚语，人们可以窥见一个民族的文化深处之宝藏。和中华民族一样，法兰西民族也是一个历史悠久的伟大民族。所以，跟汉语相似，法语中也有不计其数的精辟谚语流传百世，折射出法兰西文化的魅力。

《辞海》给"谚语"下的定义是："熟语的一种。流传于民间的简练通俗而富有意义的语句，大多反应人民生活和斗争的经验。如'人多力齐推山倒，众人拾柴火焰高'等"。（1999年版，上海辞书出版社）。这个定义不禁使人发问：谚语和熟语的区别在哪里呢？同样地，《辞海》对"熟语"的定义是："语言中固定的词组或句子。使用时一般不能任意改变其组织，且要以其整体来理解意义。包括成语、谚语、格言、惯用语、歇后语等。"首先搞清楚谚语这个概念，以防将其混淆于熟语或者熟语中的其他类别的语言形式。

每个民族都有它自己的谚语。培根说："从谚语中可以发现一个民族的

---

① 刘晓霞：吉林外国语大学副教授。研究方向：法国文学、法语教学。

天赋、才智和精神。"（魏国实，2000）从一个民族的谚语中还可以发现其他民族的影子。对于谚语翻译而言，文化的差异性虽然无可避免地给翻译带来困难甚至造成障碍，但是，文化的相似性也为不同民族之间的谚语转换提供了可能性和可行性。进而，不同民族的人民可以更加深入地相互了解彼此的文化，增进彼此间的认识。本文将从法国谚语的汉译实例中，探讨中法文化的相似性。

二、实例分析

法语中的谚语十分丰富，这不仅是法语的一种语言现象，也是法兰西民族的文化现象。同汉语的谚语相似，法语的谚语来自俗语、惯用语、格言、箴言、文学作品等，因为这些语言形式本来就是可以互通的，但最多的还是源自民间，是广大人民在生活劳作中的智慧结晶。所以，无可避免地，法语谚语具有显著的民族和地区特性。因此，在阐述汉法两种语言的谚语所折射出来的文化契合性之前，也要注重语言表述的差异性。

例1：Le disciple tient son savoir du maître et le dépasse.

意为"徒弟跟着师父学并且超过师父。"对应的汉语概为"青出于蓝而胜于蓝"。可以看出，法语直接就用了"徒弟"和"师父"的概念，直截了当地道出其中之理。但是，汉语却采用了比喻的手法，借助于"青""蓝"两种颜色来说理。初学汉语的外国人或许会莫明其妙，两种颜色有什么好比较的呢，殊不知汉语总是醉翁之意不在酒。

例2：Quand il y a de la vie, il y a de l'espoir.

意为"有生命就有希望。"对应的汉语概为"留得青山在，不怕没柴烧"。法语用较为抽象的概念来讲道理，而汉语则借用比喻的修辞手法来道出相似的道理。换言之，汉语用具体的喻体来表达法语中抽象的喻义。

从表述的角度讲，汉语本身就体现了含蓄的民族特性，而法语则传达了直白的特点。要明白一个中国人的话语，就得揣摩他的言外之意，而法兰西人则在最短的时间内表达自己的直接意愿。这反映两种不同文化孕育出的不同民族性格和人文素养。

尽管两种语言各自的谚语都蕴含着不可忽视的差异性，法语中的谚语还是和汉语的谚语有很多契合之处。本文将把这种文化的契合性归纳为以下几类：

（一）喻体喻义，近乎契合

法语谚语中有不少跟汉语的谚语基本对等，这可以体现出法汉文化的契合性。比如：

1. Année neigeuse, année fructueuse.

意为"雪多的那年就是收成好的那年。"汉语中有"瑞雪兆丰年"一说。同汉族人民一样，法国人民从农耕劳作中总结出生产经验。中法文化的契合性，由此可窥见一斑。

2. Il faut batter le fer pendant qu'il est chaud.

这句的意思是"应该在铁还是热的时候就打。"汉语中有"趁热打铁"一说。中国从很早的时候就有打铁匠，法国也如此。这两句谚语又从手工业生产方面说明了中法文化的契合性。

3. La goutte d'eau cave la pierre.

这句的意思是"一滴水可以在石头上打洞"，汉语中就有"水滴石穿"。可见，法国人也和中国人一样，相信只要以坚持不懈的精神去努力，终究可以成功。

类似的法语谚语还有很多：

(1) Après la pluie, le beau temps.（雨过天晴）

(2) Le temps perdu ne se retourne jamais.（时光不倒流）

(3) Les murs ont des oreilles.（隔墙有耳）

(4) Pas à pas on va loin.（千里之行，始于足下）

(5) N'avoir ni foi ni loi.（无法无天）

(6) La forêt donnera toujours du bois.（留得青山在，不怕没柴烧）

(7) Mieux vaut voir que d'entendre.（百闻不如一见）

此类法语谚语，能够在中国读者心中引起最大程度的共鸣，使得中国读者可以洞悉法国文化。

（二）喻体不同，喻义契合

一些法语的和汉语的谚语虽然在语言表面现象上看来，所言的是不同事物，但究其背后的深层含义，其中的喻义还是契合的。毕竟，法兰西人民和中国人民生活在地球的不同角落，不同的地域、不同的气候、不同的历史和人文环境赋予人们不同的实物形象来表达相近的意义。如下面的实例所表明：

1. Qui vole un oeuf vole boeuf.

表面上，这句法语说"会偷蛋，就会偷牛"这句就与汉语中的"小时偷针，大时偷金"有异曲同工之妙。虽然法语中用的是"蛋"和"牛"，汉语用的是"针"和"金"，但都说明了一个相同的道理：坏习惯若不加控制，总是可以滋长下去的。所用喻体的不同，说明两国人民的某些习俗或者文化的差异，但是同样的喻义却说明了两国人民思维的相似。

2. Chat échaudé craint l'eau froide.

这句法语可以被直译为"被热水烫过的猫连凉水都害怕。"这就和汉语中的"一朝被蛇咬，十年怕井绳"所传达的意义契合。法语借用"热水"和"凉水"，而汉语则借助于"蛇"和"井绳"。尽管两种语言中的谚语采用完全不同的喻体，但所传达出的讽喻意义是相同的。生活在两种文化背景之下的人们所观察总结出来的生活道理还是具有很大程度的契合性的。

3. Quand on parle du loup, on en voit la queue.

意思是说"当人们正在谈论狼的时候，就看到了狼的尾巴。"这种机缘巧合性在汉语的谚语中也有所反映："说曹操，曹操就到"。法语借用令人闻之色变的"狼"，而汉语则使用了极富历史内涵的三国时期的强势政治家"曹操"。法语似乎直接地用"狼"这种本身就有些负面色彩的动物来表达法兰西人民想要传达的意思，但汉语却借用了一个历史人物。所以，对于中国的读者而言，要理解法语的这条谚语不难。相反，汉语中的这一谚语却给法国读者造成了一定的挑战。然而，阅读理解上的困难并不妨碍两种语言的谚语中所传达的文化契合性。

此类的例子不胜枚举，还有：

（1）Il ne faut pas vendre le peau de l'ours, avant de l'avoir tué.（不要过早地打如意算盘）

（2）Il ne faut pas couper l'arbre pour avoir le fruit.（不要杀鸡取卵）

（3）Il vaut mieux prier Dieu que ses saints.（阎王易见，小鬼难求）

（4）Mieux vaut être le premier au village que le second à la ville.（宁为鸡首，毋为牛后）

（5）Mieux vaut un lion féroce devant soi qu'un chien traître derrière.（明枪易躲，暗箭难防）

（6）Quand le blé est mûr il faut le couper.（花开堪折直须折）

（7）Il faut prendre un verron pour pêcher un saumon.（舍不得孩子，套不住狼）

（8）Quand les chats ne sont pas, les souris dansent.（山中无老虎，猴子称霸王）

（9）Un bon renard ne mange pas les poules de son voisin.（兔子不吃窝边草）

从喻体不同、喻义相似的法汉谚语中，可以窥见两个民族不同的生活经历和经验，但仍不乏两种语言所流露出来的文化契合性。法兰西人民和中国人民都喜欢用现实中活生生的事物来说明一些道理，比如动物，这个特点就是两种文化所共有的。

（三）喻体生动，喻义抽象

有些法国谚语很难在汉语中找到与之对等或者对应的谚语。在法语中，很多用生动具体的喻体传达出来的喻义，在汉语中只有抽象的直白说理。在法汉翻译的过程中，虽然舍弃了表面的比喻，却一语中的地道出其中的真理，但是仍然不阻碍两种文化契合性的表达，因为相同的道理还是说明两个民族拥有相似的思维逻辑。譬如：

1. Il n'y a si bon charretier qui ne verse.

这句是说"天下没有不会翻车的赶车人。"而汉语中就有"智者千虑，必有一失"来直接言明法语谚语所要传达的道理。一个借助于赶车人这个形象的喻体，一个以抽象的"智者"作为喻体。同样的道理，法语谚语还使用不同的语句来表达，如，该句的意思还可表达为：Il n'y a si bon cheval qui ne bronche.

2. Il ne faut pas courir deux lièvres à la fois.

这句法语的字面意思是说"不能同时追赶两只兔子。"很形象而又不乏风趣地说明了"一心不可二用"的道理。在两个民族的发展史中，其人民都认为做事要一心一意，认真对待，三心二意是不可能把事情办好的，成功更是无从谈及。

3. Qui veut noyer son chien, l'accuse de la rage.

表面意思是"谁想要溺死自己的狗就指责它患了狂犬病。"这句话所要传达的意思和汉语中"欲加之罪，何患无辞"基本一致，都是说要指责批评一个人，就总能找到这样或者那样的借口。法语中有喻体，而汉语则平铺直叙，简洁明了地道出其中的真理。由此推测，法国历史中或许也有类似诬陷好人的先例。此类例子，还有很多：

（1）Il ne faut pas réveiller le chat qui dort. （别自找麻烦）

（2）Nourris un corbeau, il ne crèvera l'oeil. （怜悯坏人，反受其害）

（3）Celui qui est trop endormi doit prendre garde à la fourmi. （有备无患）

（4）La caque sent toujours le hareng. （积习难改）

（5）Une hirondelle ne fait pas le printemps. （单凭个别现象不能下结论）

（6）Point de roses sans épines. （有乐必有苦）

（7）Le vin est tiré, il faut le boire. （一不做，二不休）

（8）C'est en forgeant qu'on devient forgeron. （熟能生巧）

三、结束语

谚语是一个民族语言浓缩的精华，同时也是反映一个民族文化特性的绝好窗口。文化是一个很广泛的范畴，每句谚语所传达的文化点也不尽相同。本文在认同两种语言的谚语所蕴含的文化差异性的同时，从众多实例出发，经过对比分析，探讨了法汉谚语背后的契合性。同时，站在具体的文化侧面之外，探讨了法语谚语的汉译所反映出的中法文化之间的契合性。两种语言文化存在契合性，才给翻译活动提供了可行性基础，才使文化之间的交流成为可能。本文避开讨论翻译技巧这个问题，在解释法语谚语时只是忠实地转述了其本意，并没有涉及是要直译还是要意译为与汉语相对应的谚语。随着文化的交流，许多翻译过来的外国谚语也正在逐渐地渗透到中华文化当中。比如，当前流行的英语谚语"饱汉不知饿汉饥"多年之后，会有多少人去追究其最初的源头呢？

[注释]

本文的例句分别引自：

①文慧静，明焰编译. 法国谚语［M］. 上海：东华大学出版社. 2004.

②马晓宏. 法语1修订本［M］. 北京：外语教学与研究出版社. 2017.

③马晓宏. 法语2修订本［M］. 北京：外语教学与研究出版社. 2019.

④马晓宏. 法语4［M］. 北京：外语教学与研究出版社. 2012.

参考文献

［1］辞海编辑委员会. 辞海［M］. 上海：上海辞书出版社. 1999.

［2］魏国实. 中法文化的相似性在法谚汉译中的体现［J］. 咸宁师专学报. 2000，20（5）.

跨文化交际视角下的翻译教学研究

程 黎①

一、翻译教学发展现状

现在的法语翻译课堂，很多翻译课被上成了"阅读课""精读课""语法翻译课""翻译理论课"，这些课型意味着将语言学习与翻译学习混为一谈，无法适应应用型人才的培养模式，教学质量自然堪忧。教学模式体现教育理念和原则，教学方法是服务于教学模式的。因此，应着力培养创新型人才，提倡在教师指导下，学生自主选择专业、自主选择课程等自主学习模式，倡导启发式、探究式、讨论式、参与式教学方法。

总结来说，对于翻译教学思路方面，主要存在以下问题：目前研究多是经验性的、总结性的，缺少相应的理论支撑，这些都成为阻碍翻译发展的主要障碍。跨学科研究不多，很少涉及相关学科的科研成果。从研究对象角度来看：目前的研究对象主要集中在法语翻译教学，对于如法律、医学等针对性的具体应用性学科研究较少。大多数研究都着眼于翻译方法及教学模式的探讨，很少有针对教材的研究及口译课程的具体思考。翻译教学大纲、课程设置及测试评估都处于空白的状态。最为重要的是从国外翻译成果引入我国至今，翻译教学仍然停留在批评和表扬的层面，不能结合具体的翻译实践进行理论性和有指导性的研究。相关翻译理论建设和研究还不够完善和成熟。鉴于此，当今翻译教学的发展应该具有国际视野，全球眼光，结合跨文化交

---

① 程黎：女，吉林外国语大学，讲师。研究方向：翻译理论、跨文化交际。

际理论和实践具体对翻译实践进行指导。立足于本民族的传统文化和翻译理论，对传统理论进行系统梳理及现代诠释，同时批判的吸收西方翻译理论和跨文化理论。将二者相融合，取长补短，逐渐完善。

二、跨文化交际与翻译

所谓文化，一般是指一个民族知识、信仰、态度、等级、宗教以及时空观念的总合；而任何一个民族的文化都有其一贯性与持久性，渗透于社会生活的各个层面。各民族间在文化上的相互交流、碰撞和融合即跨文化交际。这种跨文化交际不仅包括国际的交际，也包括一个国家内不同民族之间的文化交际。跨文化交际究竟肇始于何时，迄今为止尚无定论。但可以肯定的一点是，自有人类社会以来，特别是人类通过语言交流思想以来，跨文化交际就应运而生，而要使这种跨文化交际能够正常运行，就需要有人出来从事翻译活动。当最初的两个操有不同语言（当然语言包括了口头语言、文字语言和形体语言）的族群邂逅时，双方一开始的交流肯定是困难的，随着时间的推移和双方交流的需要，充当翻译的人也就随之产生了。而翻译人员和翻译活动的产生，推动了跨文化交际活动的发展，由最初族群之间、民族之间的微观跨文化交际，继而发展为国家与国家，地区与地区之间乃至全球性的宏观跨文化交际。由此可知，跨文化交际的出现催生了翻译活动，而翻译活动反过来又推动了跨文化交际的发展；没有跨文化交际的需要，就不会有翻译的产生。两者是相辅相成和相互依存的关系。

跨文化交际在翻译过程中可以起到积极和消极两方面的作用。译文在跨文化语境下的可读性实在不容忽视。把自己的美学价值强加给译入语读者，就不免出现自己觉得美不胜收而别人却不为所动的窘境。生硬的强加，非但吸引不了译入语读者，只会让人敬而远之，导致文化自我边缘化。翻译是一种实验性的探索。若同时还要保留原作基本的准确度和真实性的话，翻译任务的难度的确很大。逐字的精确之于可读性和接受，孰轻孰重，本无须多辩，可读性较高的译作是成功的关键，这确是不争的事实。我们面对的最大问题是对不同文化的差异性的忽略或重视不够，翻译字斟句酌地追求文化传真本来无可厚非，但应注重交流，而非强加于人。循序渐进地增多文化信息，才是可行的策略。有效的跨文化交际不可能一蹴而就。甘于做译入语文化的"局外人"，显然是没有出路的。欲跨越不同民族的文化障碍，就有必要调整好跨文化交际的心态，同时认清形式等值和功能等值之间的差异，力求做到再现原作的艺术质地和情感，用活力四射和酣畅淋漓的译文，去打动和吸引更多的译入语读者，使我们的文化真正地走出去。

三、跨文化交际在翻译教学中的应用

学生和教师是教学的核心要素。如何根据社会需求、学生水平和其培养目标因材施教，这是教学法的核心。换句话说，教师在整个教学过程中扮演关键角色。不同的教学法之间有一种内在联系，构成一个严密的系统，这就是我们要研究的教学模式和方法。教学模式可以定义为：在一定教学思想或教学理论指导下建立起来的较为稳定的教学活动结构框架和活动程序。作为结构框架，教学模式从宏观上把握教学活动整体及各要素之间的内部关系和功能；作为活动程序，教学模式最突出之处在于其有序性和可操作性。在这个定义中，有几个关键词值得注意：框架、程序、有序性、可操作性。教学模式必须与教学目标相契合，并考虑实际的教学条件，要针对不同的教学内容来选择教学模式。在一种教育模式中可以集中多种教学方法。教学模式必须具备操作性。教学模式是一种具体化、操作化的教学思想或理论，它把某种教学理论或活动方式中最核心的部分用简化的形式反映出来，为人们提供了一个比较抽象的理论具体得多的教学行为框架，具体地规定了教师的教学行为，使得教师在课堂上有章可循，便于教师理解、把握和运用。一般情况下，教学模式并不涉及具体的学科内容，所提供的程序对教学起着普遍的参考作用，具有一定的稳定性。然而，教学模式还必须具有灵活性。作为并非针对特定的教学内容教学，体现某种理论或思想，又要在具体的教学过程中进行操作的教学模式，在运用的过程中必须考虑到学科的特点、教学的内容、现有的教学条件和师生的具体情况，进行细微的方法上的调整，以体现对学科特点的主动适应。

当跨文化交际还处在不同国家和不同民族之间的交流、碰撞和融合的阶段时，一定国家和民族还有相对的选择权和自主权，但在经济全球化的今

天，这种选择权和自主权的空间日益缩小；此外，西方国家凭借其经济、科技优势所带来的语言霸权，无所不用其极地推销、宣扬和传播西方主流文化及其价值观念、甚至抵毁和摧残我们的历史与文化，妄图使我们的文化在经济全球化的过程中造成失语或被边缘化。而我们有些翻译工作者，却认识不清，甚至投其所好不分良莠地把代表西方价值观念的东西一股脑儿翻译过来，甚至有时把西方的糟粕当作精华译介给国人，其结果是可想而知的。综上所述，翻译教学模式的选择应以翻译职业和该职业对翻译人才要求为前提，以不同阶段的教学目标为基础，根据学生能力发展实际情况确定。

结语

翻译教学模式和方法必须以翻译理论及相关理论为基础，体现翻译职业的规律与特点，反映翻译能力发展规律与要求，以学生为中心，以"实践"为抓手；以任务和成果为导向。教学中要努力避免教学模式与教学方法相混淆，要将翻译职业现实引入教学，实现真正意义上的校企合作，从而形成全方位翻译教育，不断提高翻译教育质量。

参考文献

［1］ Bassnett, Susan. L'étude, de la traduction ［M］. London：Routledge, 2002.

［2］郭建中. 文化与翻译［M］. 北京：中国对外翻译出版公司, 2000.

［3］金惠康. 跨文化交际翻译［M］. 北京：中国对外翻译出版公司, 2003.

［4］王蒙. 为了汉字文化的伟大复兴［J］. 汉字文化, 2005, (1).

从中外合作办学谈吉林省民办高等教育对外开放对策[1]

丁 宁[2]

2003年国务院颁发了《中华人民共和国中外合作办学条例》，鼓励并支持国内的教育机构与国外优质教育资源开展合作。从此，我国开启了教育对外开放的大门。在2016年4月，中共中央办公厅、国务院办公厅印发的《关于做好新时期教育对外开放工作的若干意见》中强调了做好新时期教育对外开放工作的重要部署之一便是建立经验共享机制，引进国外优质资源，全面提升合作办学质量。在"十三五"时期，我国教育对外开放已不再局限于扩大开放，而是着力于深度发展——"做好""做强"。

中外合作办学经历了十几年的发展，截至2017年，经教育部审核并通过的本科及以上层次的中外合作办学机构和项目，全国共计1000个，其中多数的合作办学机构和项目是国外优质资源与国内公立大学的合作，民办高校的中外合作项目相对较少。

一、吉林省民办高校中外合作办学现状

（一）吉林省民办高校中外合作办学数量

吉林省60所普通高等学校中有17所民办高校，其中民办本科有12所（6所独立学院），民办专科有5所。43所公立高校中，有3所中外合作办学

---

[1] 本文为《"一带一路"倡议下吉林省民办高等教育扩大对外开放策略研究》课题阶段性研究成果。
[2] 丁宁：吉林外国语大学讲师。研究方向：国别区域研究，法语教学。

机构以及49个中外合作办学项目。相比于公立高校，在17所民办高校中，只有3所本科民办高校有中外合作办学项目，它们分别是：

1. 东北师范大学人文学院与美国南方理工州立大学合作举办英语（科技交流）专业本科教育项目。

2. 长春科技学院与美国加州浸会大学合作举办食品科学与工程专业本科教育项目。

3. 吉林华桥外国语学院与美国新泽西城市大学合作举办金融学专业本科教育项目。

4. 吉林华桥外国语学院与德国慕尼黑应用语言大学合作举办德语专业本科教育项目。

放眼全国（见表1），截至2016年，全国民办高校742所（含独立学院266所），其中有74所民办高校参与中外合作办学，共设立机构、项目144个。其中，机构为3个，2个为专科层次（安徽新华学院新华派特森学院、浙江越秀外国语学院印第安纳波利斯大学国际学院），1个为本科层次（宁波诺丁汉大学）。本科层次项目37个，专科层次项目106个。本科层次中，浙江的民办高校以10个项目居首，黑龙江（6个）和广东（5个）次之，吉林（4个）紧随其后。专科层次项目江苏29个位居第一，北京24个位居次席，其他省份数量相对较少，吉林省没有专科的中外合作办学项目。由此可见，吉林省民办高校中外合作办学项目在数量、层次、规模等方面都远远落后于经济发达地区。

表1　各省份民办高校中外合作办学分布情况

省份		北京	上海	江苏	浙江	广东	河北	河南	湖北	湖南	黑龙江	辽宁	吉林	重庆	海南	四川	安徽	江西	陕西	云南	山西	合计
机构					2												1					3
项目层次	硕士	1																				1
	本科		2	1	10	5	1	2	3	1	6	2	4									37
	专科	24	6	29	3	6	5		4	3		0		8	7	1	2	1	3	3	1	103
民办高校数		10	6	9	7	7	3	2	5	3	2	2	4	4	3	1	2	1	1	1	1	74

（二）吉林省民办高校中外合作办学模式

中外合作办学主要是两种模式，一种是成立中外合作办学机构，是指在中方合作高校（称为母体学校）的领导下，由母体学校作为法人代表与国外高等教育机构共同实施的合作教育教学活动。

目前，吉林省的民办高校还没有设立合作办学机构。在全国范围内，民办高校的典型代表就是宁波诺丁汉大学。宁波诺丁汉大学是由浙江万里学院与英国诺丁汉大学合作创办的一所民办大学。宁波诺丁汉大学将英国诺丁汉大学的优势学科与中国社会经济发展实际需求相结合，引进一系列具有国际一流水准的学位课程，实行与英国诺丁汉大学完全一致的教学评估体系，全英文授课，学生毕业后获得英国诺丁汉大学学位。

另外一种模式是成立合作办学项目，绝大多数的合作办学属于这种形式。中外合作办学项目是指中国教育机构与外国教育机构以不设立教育机构的方式，在学科、专业、课程等方面合作开展的教育教学活动。项目设置在我国合作高校中，由中方负责招生，中外双方共同负责教学计划和人才培养目标的制定，以及课程的组织和实施工作。可共享中方主体高校的各种教育资源，受到主体高校的直接管理和约束。

中外合作办学项目的办学模式主要有两种：一种是融合型，即全面引进国外的教学计划、教学大纲、教材和教学手段，聘请外放教师来中方合作高校讲课，并且派遣中方教师去对方高校进修学习，让学生不出国就能接受国外优质的教学资源；另一种是嫁接型，即保留中外各自的教学模式，以双方学分互认的方式，学生通过双方学校规定的学分，即可获得双方学校颁发的学位证和毕业证。多数设立合作办学项目的高校会采用"2+2"或"3+1"模式，即国内学习2或3年，完成中方高校规定的课程之后，在国外继续学习2或1年，修满国外高校要求的学分可获得双方学校颁发的有关证书。

吉林省民办高校这4个合作办学项目都是采取的"3+1"模式。以吉林华桥外国语学院与德国慕尼黑应用语言大学合作举办德语专业本科教育项目为例，该项目采取"3+1"办学方式，即"第一至第三学年在吉林华桥外国语学院学习，第四学年开始在德国慕尼黑应用语言大学学习"的培养模式。目前国内唯一一个可以授予中德双方院校授予学位的项目。中德合作办学教学计划由中德双方院校共同制定。其中，中方院校授课时数占64.9%，德方授课时数占课时总数的35.1%。在中方实施的教学内容，使用中方教材的课程，按照中方教育教学管理规定的评价方式评定；使用德方教材的课程，按照德方提供的评价标准进行评定。在教学实施过程中，中德双方共同协商教学内容，保证双方教学的合理衔接。学生在完成规定的专业课程后，如果经考试合格并成绩达到要求，且符合双方大学的学位授予标准，可以获得由中德双方学校所颁发的本科毕业证书、学士学位证书。

二、民办高校中外合作办学发展不足的原因分析

民办高校中外合作办学发展不足不仅仅存在于吉林省，全国的民办高校都存在这个问题。究其原因有以下几个方面：

（一）国家关于中外合作办学的规定与民办高校的办学本质相矛盾

我国的民办教育多数是投资办学，是以营利为目的从事具有公益性的教育教学活动，而不是具有公益性质的捐资办学作为慈善事业对社会的回馈。但是，在全国742所民办高校中有74所是从事非盈利性公益教育事业，吉林华桥外国语学院就是其中一所。2003年国务院颁发了《中华人民共和国中外合作办学条例》（以下简称《条例》），明确规定"中外合作办学属于公益性事业"。在2004年6月教育部颁发的《中华人民共和国中外合作办学条例实施办法》（以下简称《实施办法》）中，从机构和项目两类中外合作办学形式上明确规定："中外合作办学机构不得从事营利性经营活动"；"中外合作办学项目的办学结余，应当继续用于项目的教育教学活动和改善办学条件。"这些规定从法律层面上禁止了民办高校通过中外合作办学进行营利活动的可能性。国家规定与民办教育办学本质存在根本矛盾，所以民办高校中外合作办学热情不高。在《国家中长期教育改革和发展规划纲要（2010—2020年）》中指出"积极探索营利性和非营利性民办学校分类管理"，就是为了在坚持教育事业的公益属性下合理回应民办高校的营利诉求。但是，现阶段《条例》与《实施办法》对中外合作办学禁止营利的规定和合理回报的无法操作，是制约着民办高校中外合作办学蓬勃发展的重要法律和政策障碍。

(二) 国际化办学对教育资源的高要求与民办高校办学实力之间存在差距

一所高校要想实现国际化办学，除了办学理念以外还需要自身的雄厚办学资源作支撑。办学资源体现在各个方面，其中最为重要的两点是办学资金和师资队伍。

民办大学的资金来源主要依靠学生的学费，国家和地方政府对民办教育的财政资助体系始终没有建立起来，一些民办高校甚至由于资金链断裂而倒闭。有研究指出，目前民办高校在办学资金上有三种局面：第一种是入不敷出，甚至已经资不抵债；第二种是负债办学；第三种是收支基本平衡，但缺乏发展资金，这是最为普遍的一种状况，也是目前民办教育办学资金的整体现状。民办高校要想举办成本高昂的合作办学，唯有提高学费这一个途径。在现有学费较高的前提下，加之民办学校的社会声誉尚不理想，如果没有足够的生源来支撑合作办学项目的运转，那么最后只能停办。安徽新华学院新华派特森学院在2012年招收了最后一届学生后，由于生源问题而没有再申请延续。因此，在没有政府资金投入的情况下，生源问题是民办大学进行合作办学首先要考虑的问题，这也是很多民办高校即便有合作办学的愿望，但是望而却步的原因。

民办高校实力薄弱的另一种体现是师资队伍建设落后。目前，我国民办高校的师资队伍主要特点是离退休教师居多、中青年教师偏少，应届大学毕业生偏多、中高级职称教师较少，缺少学科带头人，兼职教师多、教师队伍不稳定、流动性大。正是由于以上因素，民办高校的国际化办学理念难以深入到教师群体，教师的国际化教学能力也不足。因此，合作办学在民办高校的发展举步维艰。

(三) 民办高校办学者对跨境教育的认识不足和选择犹豫

据厦门大学中外合作办学研究中心2014年的一项研究显示，目前我国高等教育领域发生的跨境活动形式多达16种，即中外合作办学、境外办学、孔子学院、国际联合培养、国际交换生（访学项目）、留学预科班、短期文化体验项目、海外实习项目、语言强化项目、海外远程教育、外籍人员子女学校、苏世民学者项目、英国高等教育文凭项目、国际通识课程项目、国际本科学术互认课程项目、特色学院。跨境教育形式的多元化会导致高校参与跨境教育活动选择的多元化，大多数民办高校办学者对中外合作办学认识不足，以为只要跟国外高校合作便是中外合作办学，很多民办高校以中外合作办学为名的项目其实是没有得到国家和地方教育行政部门审批的，或是留学预科项目，或者短期访学项目，或是语言强化项目。

中外合作办学是在我国准入最为严格、监管最为完善的跨境教育形式，有着一套严格的审批程序和具体要求。相比于跨境教育其他形式比较简化的合作方式而言，举办中外合作办学要困难得多，这也是民办高校办学者对中外合作办学选择犹豫的原因。甚至有些民办高校担心由于自身的办学实力不够，强行举办中外合作办学，如果办得不好被教育行政部门勒令停办，对学校的声誉造成巨大的负面影响而得不偿失。这些学校宁愿选择以其他形式参与跨境教育活动。

三、破解民办高校中外合作办学发展困境的几点建议

（一）提高对中外合作办学的认识

随着生源数量的逐步减少，中国民办高校必定会经历重新洗牌的过程。民办高校既要考虑学校的生存，更要重视学校未来的发展。要想改变民办高校中外合作办学发展不足的现状，必须提高民办高校对中外合作办学的认识。民办高校必须要认识到中外合作办学的价值在于引进国外优质的课程和师资以及教育理念、模式和方法，弥补自身教育资源和质量的不足，培养国家和地区经济发展急需的国际化人才，不能再局限于中外合作办学就是迎合办学潮流、为学校"创收"或为学生赴外留学提供服务等观念上，要将中外合作办学视为民办高校突破发展困境的有利途径。

（二）尽快推进对中外合作办学进行分类管理，制定符合民办高校发展实际的管理制度和政策

中外合作办学是中国教育事业的组成部分，《中华人民共和国教育法》规定我国教育事业是公益性和非营利性的。因此，建议国家教育行政部门尽快推进对中外合作办学的分类管理。公立高校有国家和地方财政支持，其举办的中外合作办学应明确非营利性；而大多数民办高校是属于投资办学且没

有国家和地方的经常性财政资助,应明确民办高校可以合理合法的获得收益,建立、健全相关配套制度与操作办法。

(三) 给予民办高校政策扶持,提供必要外部支撑

民办高校发展至今,对推动我国高教体制机制改革、承担大众化任务、促进教育公平、提升我国教育国际化水平、拉动经济社会发展做出了重要贡献。而民办高校一直受到政策上的歧视,在很多方面得不到像公立高校那样的政策支持。在申报中外合作办学时,国家和地方教育行政部门对民办大学的申请会更严格,支持的态度相比于公立高校也不同。政府应该认识到,民办高校办中外合作办学也是在为国家和地方经济发展做贡献,要消除对民办高校申请中外合作办学的忧虑,给予民办高校发展中外合作办学平等的支持。

国家和地方政府及其教育行政部门要给予民办高校举办中外合作办学必要的扶持,但不能因为民办学校的性质（非营利性和营利性）而区别对待。如果盈利性民办高校得不到国家和地方政府的扶持,那么势必会影响其举办中外合作办学的积极性,违背了对民办高校中外合作办学扶持的初衷。要明确扶持的目的是促进民办高校发展中外合作办学,而不是在意其是否盈利。

(四) 加强国外优质教育资源的合理引进与有效利用,突出民办高校中外合作办学特色发展

"国外优质高等教育资源的合理引进与有效利用是高等教育中外合作办学的核心,是提高中外合作办学水平和质量的关键。"国外优质高等教育资源不等同于发达国家的教育资源,民办高校可以结合自身的办学定位引进一些发展中国家的优质教育资源,比如"一带一路"沿线国家或地区的优质教育资源。同时,引进优质的教育资源也不仅仅是引进外方师资、课程和教材,还要在合作中学习外方高校的办学理念、人才培养模式、教育教学方法、管理机制等方面的先进经验。

另外,民办高校要把握住自身的办学特色和办学定位,适应地方和区域的经济发展需要。在专业设置方面要具有特色,由于民办高校在办学实力上要逊色于公立高校,所以要避免与公立高校中外合作办学专业设置重合,实现民办高校中外合作办学的特色发展。

参考文献

[1] 白士彦. 吉林省民办高校通过中外合作办学引进国外优质教育资源研究 [J]. 管理经营者, 2014 (4) 下期: 108-109.

[2] 教育部. 中华人民共和国中外合作办学条例实施办法, 2003.9.

[3] 胡天佑. 新形势下民办高职院校发展的困境及求解 [J]. 高教探索, 2014 (3): 138-142.

[4] 李维民. 民办高等教育发展现状与问题分析 [C], 民办高校发展战略与转型研究. 西安: 陕西人民出版社, 2014: 29-40.

[5] 林金辉, 刘志平. 中外合作办学中优质高等教育资源的合理引进与有效利用 [J]. 教育研究, 2007 (5): 36-39.

[6] 厦门大学中外合作办学研究中心. 关于进一步规范高等学校涉外办学的若干意见 [M]. 2015.

地方院校 MTI 口译专业交替传译课程设计

韩毓泽①

引 言

自 2007 年经国务院学位委员会批准首批 15 所 MTI 试点教学单位，翻译硕士专业经历了 12 年的蓬勃发展，如今已经有 253 所院校设立了翻译硕士学位点。全国翻译专业学位研究生教育指导委员会 2011 年公布了概括性的《翻译硕士专业学位研究生教育指导性培养方案》。MTI 的培养目标是培养德、智、体全面发展，能适应全球经济一体化及提高国家国际竞争力的需要，适应国家经济、文化、社会建设需要的高层次、应用型、专业性口笔译人才。然而，对于高层次、应用型、专业性口笔译人才的具体要求，教指委并没有给出明确的定义；并且，在 253 所院校中，北上广高校占 48 所，地方院校为 205 所，各层次的高校情况不同，理应根据自身具体情况来确定自己的人才培养目标及方案。具体到课程建设中，地方高校应充分考虑本校情况，进行课程大纲、教学内容的设计及教学方法的应用。本文试图立足地方高校，围绕教学目标的确定、教学材料的选取及语言能力及百科知识的提升等方面，探讨地方高校交替传译的课程设计。

一、教学目标的确定

刘和平（2017：48-55）认为："按照语言难度、主题难度和对译员相

---

① 韩毓泽：1990 年 1 月，硕士学位，吉林外国语大学讲师。研究方向：口笔译、教学法研究。

关能力的不同要求等因素，可以考虑将口译教育划分为初、中、高三个阶段，并制定这三个阶段的教学重点和方法。具体而言，初为外语本科阶段基础型，中为翻译本科中级专业型，高为翻译硕士高级专业型。"按照此划分方法，MTI口译教学理所应当归类于高级阶段的口译教学，然而与北上广的重点高校不同，地方高校对于生源自主选择权较少，生源普遍较差，并且由于我国非英语语种的学习基本在大学本科阶段进行，这种差异小语种专业上体现更为明显，主要体现在大部分学生具有一定的语言基础，拥有基本听力理解能力及口语表达能力，但尚未达到能够进行口译学习的水平；母语水平不高，逻辑思维及推理能力较差，知识面狭窄。因此，在设置教学目标和教学内容时，应充分考虑自我教学层次，地方院校的法语口译研究生的培养目标不应追求培养优秀的同传译员，而应为培养能够胜任旅游陪同口译，商务陪同口译及专业型性较弱的交替传译的口译员，教给学生提升自己的方法，了解口译基本技能及训练方法，给予学生充分的空间在毕业后进行自我提升。

杨承淑（2005，35）认为："口译教案的设计，首先应从学生具备的语言条件来衡量，并针对不同的语言条件去分成不同的教学目标。"并给出列表加以说明：

教学目标	语言运用能力	语言认知能力	知识理解层面
外语为主，口译为辅	外语语法错误多，母语表达能力尚佳	无法听出言外之意，只能从语言表层去理解	缺乏广泛的常识
交替传译：双语言方向	外语听力佳，双语口语表达能力佳	能深入分析言外之意，口语表达灵活	常识丰富
同声传译：双语言方向	双语听说能力极佳，口语流畅	能瞬间深入分析语意，并能预测下文，且口语表达灵活	常识丰富，并具备某些领域的专业知识

应当可以推测，部分MTI口译专业研究生的语言运用能力、语言认知能力及知识理解层面均未达到双语交替传译水平，即只能进行"外语为主，口译为辅"训练。然而，笔者认为，这样便背离了MTI口译教育的整体目标，学生的学习动机也受到打击。在设置交替传译课的教学目标时，可以以中级

阶段的目标为主，向高级阶段目标靠近，提高语言及翻译技能并重，并重点训练单向交替传译为主。对于交替传译课程，笔者认为可将教学目标设置如下：了解口译的性质、形式、基本概念和认知过程；培养双语思维能力，掌握基本翻译技能和方法；实现技能培训和汉外语言提高的双重任务，并以外语能力的提升为重点。

二、教学材料的选择

按照交替传译训练的一般规律，交替传译的训练应按照口译入门—口译基础—口译训练分步骤进行。在口译入门阶段，应传授给学生口译的基本知识，包括口译的性质、形式、类型、基本程序、明确口译的基本原则，区分口译与笔译的区别，了解译员所需要的基本素质；本阶段的训练重点在于强调理解在口译过程中的重要性，介绍头脑记忆方法及养成脱离语言外壳的习惯，本阶段的训练方法包括源语复述、译入语复述、总结、一句话概括等。本阶段对于训练篇章内容没有具体要求，宜选择结构清晰的叙述文及论述文。第二阶段为口译基础阶段，主要介绍口译笔记的记录方法及记录内容。本阶段重点在于掌握笔记的方法、平衡笔记及脑记的关系；本阶段训练方法包括记开头、记结尾、记结构、笔记及脑记交叉进行等。第三阶段为口译训练阶段，本阶段目的在于对已掌握内容进行融会贯通。

纵观现有法汉口译教程，基本可分为两大类：一部分按照技能，即以上步骤安排口译教学；另一部分按照口译主题进行训练。笔者认为最好的方式是将两者结合，按照先技能、后主题，技能与主题结合的方式安排口译教学内容。此外，现有口译教程普遍存在以下问题：（1）选材分散，难度水平参差不齐，并未按照循序渐进，由易入难的顺序进行；（2）录音均为听力式录音，即由讲法语者将文字材料阅读出来；少有口语化处理，缺少真实场景，语速过快，加大学生的翻译困难。（3）技能训练过于笼统，教材中的技能训练均为概括性、原则性技能，缺少具体可操作技能的训练。另外，大部分口译教材对于地方院校学生来说难度偏高，易打击学生的积极性。结合笔者本人近年的教学经验，训练材料的选择需尽量贴近学生的水平，对于本校 MTI 口译专业学生，以欧标 B1 难度作为口译训练起始难度较为适合，逐渐提升到 B2 难度较为适宜。训练材料的选择同样需要注意多样性，可选取已有教材内内容难度适宜的材料，也可选取 TED 演讲、科普视频等作为训练材料，并且应让材料更为多元化，如采访、访谈、演讲等，并可适当增加练习难度，如选取非洲口音听力材料让学生练习。此外，还要求学生进行主题演讲，并邀请同学进行现场口译。但需要注意得失，一定注意避免打击学生的信心，应不时选择结构清晰、内容易懂的材料让学生找回口译学习的信心。

三、语言知识及百科知识提高

仲伟合（2003：63-65）提出口译训练需要的三大板块，即语言知识板块、百科知识板块及技能板块，技能板块的提高主要依赖于课上教师的讲解、训练及课后大量的训练，而由于课时的限制，语言知识及百科知识的积累只能在课下进行。由于地方院校自身的情况，需要布置大量的课后语言提升及知识积累任务，并将其作为长期的常态化的任务进行，只有这样，才能够逐步提高学生的语言水平，扩充其知识储备。

笔者根据自身经验，为学生布置长期任务如下：（1）主题知识准备，在进行某一主题的口译训练时，预先布置任务，要求学生进行相关译前准备，积累可用术语及表达方式；（2）课堂演讲，要求学生根据主题进行课堂演讲，即可锻炼学生语言能力，提高学生演说技巧，又可丰富课堂内容，避免课堂内容过难；（3）主题进行后总结；（4）布置阅读任务，要求学生每周进行新闻阅读，一方面提高学生阅读能力，另一方面也能够扩大学生的知识面。

结语

本文基于笔者近几年来的口译教学经验与思考，对于地方高校的交替传译课程的教学目标设置，教学材料的选择及背景知识和语言知识的提高提出了一些看法和操作方法，并在实践中取得了相对理想的效果。口译教学在中国方兴未艾，随着开设 MTI 口译的高校越来越多，地方高校口译专业培养的问题也会逐渐浮现，如何找准自己的定位，探索适合自己的人才培养模式，如何根据自己的定位，进行恰当的课程设计，也必将被越来越多地探讨。

参考文献

[1] 陈羽茜，张明芳.《地方高校口译专业人才培养的问题与对策》[J]. 智库时代，2019（5）：83-84.

[2] 刘和平.《职业口译教学与研究》[M]. 北京：外语教学与研究出版社，2017.

[3] 杨承淑.《口译教学研究：理论与实践》[M]. 北京：中国对外翻译出版公司，2005.

[4] 仲伟合.《口译研究方法论》[M]. 北京：外语教学与研究出版社，2012.

第二部分 02
西班牙语语言与文化

拉丁美洲印第安人运动及其影响

于 森①

引 言

提及印第安人，人们则联想到灿烂的美洲古文明，他们是美洲大陆的原住民。中世纪时期随着哥伦布发现"新大陆"，印第安人的命运被彻底改变了。恩格斯曾说："西班牙人的征服打断了他们的任何进一步的独立发展。"（恩格斯，1965：35）几个世纪以来，印第安人为自己争取生存与民族平等权利而不断斗争，但依然没有改变他们被边缘化和被歧视的现实。值得关注的是，进入20世纪90年代之后，拉丁美洲的印第安人在争取政治社会权利、经济权益、文化认同的斗争中出现了一些新特点，而这场近乎涵盖所有拉美国家的印第安人运动被拉美学术界称之为"土著人社会运动"。曾经被忽视的土著问题，自90年代起，已经成了社会事务的中心以及公共政策和治国理政的人们关注的目标。印第安人不再仅仅是人类学家、民俗学家或考古学家与历史学家的研究对象。本文将分析这场印第安人社会运动的发展、特点、其兴起的原因，以及拉美各国政府和社会对此的回应和反应。

一、印第安人运动在20世纪90年代以来的发展

自20世纪80年代末以来，拉丁美洲的印第安人运动在近年来的社会斗争和抗议运动中发挥了核心和主导作用。马普切人运动，虽然规模小，但是

---

① 于森：女，吉林外国语大学西班牙语专业教师，讲师，中国社会科学院研究生院在读博士。研究方向：西班牙语—汉语翻译；拉丁美洲政治研究。

确是智利国家社会运动中的核心。虽然马普切人仅占智利全国总人口的9%，但其组织的运动精神却从1990年至今始终是历届智利以及政府部门头疼的问题，无论是中左翼的联盟政府，还是右翼政府都对此束手无策。马普切印第安人运动对政府产生威胁。因此，智利政府一直指责马普切印第安人运动是一种犯罪行为。厄瓜多尔的印第安人运动使整个国家发展陷入瘫痪，自1990年掀起了一场大规模的"民族文化起义"，之后1997年、2000年以及2005年的民众运动迫使多届政府下台。厄瓜多尔拉斐尔·科雷亚政府的上台，很大程度受印第安民族联合会（CONAIE）组织的印第安人运动的影响，使其得以在2007—2017年间主政厄瓜多尔。科雷亚政府起初言辞激进，甚至表示该国像委内瑞拉、玻利维亚一样，发展"21世纪社会主义。然而出于对国家的现实考虑，而后他采取更加温和也更切实际的方针，在经济上表现出鲜明的新凯恩斯主义和新发展主义特点，积极维护和促进厄瓜多尔民族资产阶级的利益。科雷亚政府在印第安人民和厄瓜多尔印第安民族联合会的压力下，在宪法中做出一些改革，承认了厄瓜多尔是一个多民族、跨文化的国家。也就是说这个国家的15个印第安民族在理论上得到了承认。在玻利维亚印第安人通过和平方式，开展激烈的民众运动，如2000年"水之战"、2003年"天然气之战"等，在他们的逼迫下，乌戈·班塞尔、贡萨洛·桑切斯·德洛萨达和卡洛斯·梅萨三届政府倒台，为埃沃·莫拉莱斯上台奠定了基础。墨西哥新萨帕塔主义进入政坛，让一直以来被遗忘、被边缘化、被忽略的墨西哥印第安人在本国有了发声的机会，有机会站到了历史舞台的中央。此外还有秘鲁、哥伦比亚和危地马拉的印第安人运动，均是近年来各国政治进程中的重要因素。

二、印第安人运动的原因

拉丁美洲印第安人反抗运动在该地区的政治领域中发挥了重要作用。其不断开展运动的原因并不难以分析。在近5个世纪里，拉丁美洲各国的印第安人均处于边缘化和被忽略的状态。政府拒绝承认印第安人的身份和他们独特的世界观、语言、风俗、方式和习惯。他们甚至会丧失其最基本的社会、经济和政治权利，比如他们对自己的土地、森林、水等自然资源的权利，以及公民权和基本人权。但是自20世纪80年代末以来,这一状况发生了根本性的改变。我们深究其社会经济、政治与历史原因。可以做出如下总结:

(一) 生活贫困导致移民城市被边缘化的问题

拥有拉美印第安人较多的国家大都是社会经济发展水平较低的国家,全社会的贫困发生率本来就比较高,而印第安人的贫困发生率又普遍比非印第安人高得多。例如,玻利维亚印第安人贫困发生率为64.3%,非印第安人则为48.1%;危地马拉分别为86.6%和53.9%;秘鲁分别为79.0%和49.7%。(Hopenhayn y Bello, 2001:15) 因此,印第安人为了生存不停地迁徙,造成规模越来越大的移民。这种现象开始于20世纪中期,原因主要有以下三点:1,土地逐渐丧失、生产资源减少,人口增加,环境恶化。2,国内持续的战争或动乱使他们无法继续生产活动,安全得不到保障。多个拉美国家的农村游击队基本活动于印第安人较多的偏远山区。3,在国家现代化、城市化的过程中,印第安人更加向往现代的都市生活。向城市迁移是印第安人改变生存状况的一种途径,但他们也面临着很多挑战。在城市生活中,他们会陷入种族身份失落、与自身传统文化隔绝、处境孤立和备受歧视的氛围之中。因此,随着时间的推移,在诸如墨西哥城、利马、圣菲波哥大、拉巴斯、基多等主要城市的边缘区,逐渐形成了规模庞大的印第安人社区。他们建立了自己的诸多组织,如,互助组织、邻里组织、政治组织、生产组织等,他们共同的种族身份得到认同,传统信仰与传统节日得以恢复。大量的印第安人移民加剧了城市的人口压力。虽然这种变化减少了他们的孤独感,但并未因此而改变其被边缘化的地位。

(二) 受教育程度低所导致的就业问题

印第安人的受教育程度低,未接受过任何专业培训。他们的聚居地区教育发展滞后,同时由于拉美国家的教育体系一直强调民族文化的"同一化",而在教育实践中也始终未能解决好双语教学问题。有些人甚至难以用国家的官方语言与外界进行对话。因此,当进入城市劳动市场后,面临着就业的结构性的困难。男人们通常是在建筑、服务、制造业等部门从事不需要专业技术的体力劳动;而妇女只能从事家政服务或做小商贩等。这种情况就决定了印第安人就业主要是在非正规部门,具有工作不稳定、报酬低、不能享受社会保障待遇等特点。

（三）印第安人在医疗卫生方面极度缺乏保护

拉丁美洲的很多组织，如泛美卫生组织、国际劳工组织、拉美经委会等机构，均报告指出：拉美各国的少数民族都以不同程度和形式被排斥在医疗卫生保护体系之外。例如，在玻利维亚，印第安人聚居的省份传染病患病率比全国平均数高5~8倍；急性腹泻是5岁以下印第安儿童的第一杀手。委内瑞拉某些地区乙型肝炎感染率高达58%~84%。尽管各国的情况表现形式不同，但基本原因却大体相同：1，印第安人生活极端贫困，营养不良，卫生条件恶劣；2，缺乏必要的公共预防和医疗服务；3，印第安人主要使用他们的传统医药，而传统医药历来不受官方重视。

（四）种族歧视对拉美印第安民族和文化的漠视

在拉丁美洲300年的殖民通知中，欧洲的殖民者们一直推行种族主义和并剥夺印第安人权利。拉美国家独立之后，这种族歧视的思想被承袭下来，与其同时遗留下来的还有森严的等级社会。一直以来，拉美各国政府不愿意承认多民族与多元文化的现实，强调民族和文化的同一性。因此，后来印第安人问题的实质被归纳为两个基本问题：社会公正与公民权利。印第安人数个世纪以来所受到的不完整的公民待遇，是与他们在收入分配、就业、教育、医疗等领域所处的不利地位密切相关的。

（五）经济衰退的影响与国际因素的推动

20世纪80年代以来拉美国家经济的严重衰退，90年代的经济低迷存，这些与拉丁美洲社会运动的兴起有着直接的联系。同时，国际因素也是其推动因素。如："地球峰会"与"千年首脑会议"。1992年6月联合国环境与发展会议在里约热内卢召开，会议认为土著民族因其所具有的生态常识和传统实践，在环境保护与发展方面发挥着至关重要的作用，要承认、鼓励和强化土著民族的作用。拉美印第安人运动抓住了机遇，积极参与了会议的非政府组织论坛，并发表了关于环境与发展的声明。2000年举行的"千年首脑会议"通过了《联合国千年宣言》，提出了"千年发展目标"。其中所包含的各项目标与改善印第安人的生存状况利害攸关，把印第安人争取社会公正的目标进一步具体化了。拉美各国政府对落实"千年发展目标"的承诺，给了印第安人运动继续发展的希望。

三、印第安人运动发展的新特点

当前拉美地区的印第安人社会运动具有许多不同于以往土著人运动的新的特点。

（一）土地问题

亘古至今，印第安人运动不变的主题便是要求保障其生存所需要的土地，如今依然如此。但现在他们明确地提出了"领地"要求。亦是说印第安人要求保护自祖辈以来长期聚居的地区。这说明：1，他们将自己的领地视为一个民族的物质、文化与政治存在的象征；2，他们要保护其领地的资源和环境不受现代各类开发活动的破坏。保护生态环境是印第安人社会运动的一个主题，反映了印第安人求生存、求发展的合理要求，也符合当代的国际潮流，因而赢得了广泛的国际同情与支持，并促使各国政府与各类资源开发企业更加理性地制订和实施资源开发计划。

（二）权利要求

印第安人运动提出的主要诉求是要求国家将其作为一个民族得到国家宪法及其他法律的承认，并在此基础上获得他们应有的政治权利、公民权利与社会权利。政治权利包括民族自治权、领地权、选举权等；公民权包括承认印第安人组织的代表权，政府要承认印第安人的生活方式、语言和文化等的合法地位；社会权利包括享有教育、医疗、养老等权利。这一行为可看出印第安人已经作为一个全新的社会主角出现并对国家的根本制度提出了挑战，要求宪法明确承认"多民族与多元文化"的国家，并实行民族平等与民族自治的政策。

（三）斗争方式

20世纪90年代以来，拉美印第安人社会运动主要是采取非暴力斗争的方式，如罢工、抗议集会、设置路障、利用现代传媒手段开展宣传，等等，唯一的特例是1994年1月的墨西哥恰帕斯州萨帕塔民族解放军的武装反抗。现在印第安人运动也以政党的形式在现行体制内通过选举途径实现参政，这是其斗争方式发生的重大改变。

(四)组织领导的转变

过去印第安人组织的领导人大多数是有个人威信和魅力的领袖人物,随着老一辈领导人的更换,自 90 年代以来拉美印第安人运动在组织与动员方面也出现了新变化。一,涌现出一批年轻印第安人运动领导人。这些领导者本身是印第安人,且文化水平高,把印第安人的诉求与有利的国际因素结合起来,如利用联合国关于保障人权、实现民族平等、保护文化多样性、保护生态环境等主张,以及"千年发展目标",等等,使他们的诉求更具法理依据,更能赢得同情与支持。二,团结本国不同地区、不同印第安人族系,改变以往印第安人运动的分散状态,建立具有广泛代表性的印第安人组织。三,建立地区性联系渠道。通过这种方式,使各地区印第安人可以达到统一交流行动方式和建立区域联盟的目的。

四、印第安运动的贡献

(一)拉美印第安人运动倡导"地球母亲"和"美好生活"理念

在殖民时期,拉丁美洲众多印第安族群虽然经受了军事征服,土地被剥夺,经济上遭到剥削,社会政治上被统治。然而,印第安人民却保存了其自身世界观中最璀璨的部分。征服带来的文化融合,让西方资本主义现代化占据主导地位,也使得印第安人走向了现代化,同时保存其特有的观念。这体现了他们当前运动的特点,如,自从印第安人运动加入捍卫并夺回印第安人土地的斗争,这一斗争就不仅仅只为农业改革或者将土地归还或授予农民而战,同时要求土地完全去商业化与去工具化,建立尊重大自然、与大自然和谐对话的关系。拉丁美洲印第安人民维护和倡导的"地球母亲"理念是把土地、领土和自然看成是积极活跃的存在,是真正的"生命之源",是其世界一切事物的起源,是全人类生活的源泉。这种态度表现在印第安人运动中,是他们提出了捍卫"地球母亲"的理念中,他们高呼"地球不能被买卖,我们要热爱和保卫地球"。印第安人民提倡的"美好生活"理念,认为人类只生产能够满足自身需要的财富即可,与地球母亲及周围的人都应保持和谐的关系。在经济增长和物质生产上,这种理念所追求的是质量而非数量,是把经济与生态、社会、文化相互融合。

（二）对于"我"和"我们"的关系，即个人与集体关系在拉美印第安人运动中的不同主张

"我"和"我们"之间关系的主张，即是个人和个人构成的社群之间的关系。印第安人运动倡导"我们"的理念，"我们"总是比"我"更重要的。个人的福利和肯定，永远是不能与社群或者说集体利益相矛盾的，更不能损害后者。同时，这并不意味着漠视个人的发展，或者说个性不能得到自由伸展和肯定。在印第安人的这种观念中，他们应该首先考虑的是"我们"，即社群，不能把个人凌驾于集体之上。印第安人对"我们"推崇备至，并非要消除和阻止个性的自由发展，而是其为创造更好、更优质、更广阔的条件，促进其繁荣发展。这样做的基础是肯定个人和集体的协调性。马克思认为，未来的共产主义社会是"个人自由发展的社会"。这也是说个人与集体，"我"与"我们"的荒谬对立将不复存在，历史将迈入新阶段，即从集体出发，在集体的框架内，实现"个性的自由发展"，因为"只有在集体中个人的自由才是可能的"，也只有"在真实可靠的集体中，个人才能通过相互联系、结社获得自由"。（Marx，1974：87）印第安人运动主张的"我们"原则，主张彻底的社会变革并非局限于夺取和征用社会生产资料，也并非在于完全毁灭和废除国家本身。按照"我们"、社群和集体的原则，对整个社会进行复杂、系统、全方位的再造和重建。

（三）拉美印第安人运动倡导公民大会式的直接民主

拉丁美洲印第安人运动对于民主的概念和实践与资本主义所倡导的截然不同。资本主义的代议制民主实际上是委托、替代和排他性的。而拉美地区印第安人民在日常实践中，通过各种运动倡导公民大会式的直接民主。这也是指社群能够在大会上决定集体问题的解决办法和共同事务的走向。通过机制逐步寻求共识，而并非消除异己或否定自身以外的立场。代表们要真正代表社群和被代表的群众，受到强制性命令的约束，要经常述职，而且群众在任何时候都有权选择、问责、撤销或替换他们。直接民主是源于古希腊创造"民主"概念的原始形式，是下层阶级和派别自发开展活动的方式。公民大会式的直接民主让普通群众有机会参与治理，担负并解决社群的集体事务，实现人民心中真正的民主。

五、印第安人运动的局限

拉美各国在面对印第安人社会运动提出的各种权利要求，他们采取了积极回应的态度。对于印第安人问题，他们采取了修宪措施。对于印第安人的领地、土地及其自然资源要求，拉美国家也都采取了一些立法或实际措施。在文化教育领域，部分拉美国家通过一些措施，如推行关于人权的宣传与教育计划、关于消除种族歧视的宣传计划、关于实施跨文化与双语教学计划等，以此改善印第安人的境遇。然而尽管取得了一些进展，但是印第安人的民族和文化虽然被宪法所承认，这改变了从前那种单一、不容许多样性存在的论据，但在多数情况下，宪法并提出具体的规定和相应的政策来改善土著居民的生活条件。（Bengoa, 2003：26）显然，这个具体落实过程将是漫长的。

同时，印第安人所提出的资源问题也是非常复杂的。因为资源的所有权属于国家，开发资源一般由政府竞标，中标的企业则有权对资源进行开发。这样，从两方面来看，一是国家或企业是否会认真考虑当地印第安人的利益；二是印第安人提出的要求是否合理，他们否有捍卫其合法权益的能力。所以，现在的真实情况是，尽管各国宪法中有所规定，但印第安人地区因资源开发引发了的无数的冲突。

同样棘手的问题还有印第安人的土地问题。土地问题既有土地数量不足、土地退化问题，也包括他们的土地被人侵占或产权纠纷问题等。拉美各国迄今并未找到解决这个问题的有效途径。至于要从整体上提高印第安民族的素质，增强其自我发展的能力，这更是一个非常艰巨的任务。

结语

拉美印第安人为争取平等权利，维护社会公正而进行的斗争，已经跨越了数百年。印第安人社会运动的新崛起反映了印第安人新的觉醒。尽管现在各国国内外部环境都发生了一些有利变化，但印第安人问题与主流社会中存在的对印第安人的种族偏见有关，也与造成拉美国家普遍性社会分化的制度与政策因素有紧密联系。这些问题都不是短期内可以结局的。拉美国家对印第安人问题所表现出的比以往更加强烈的政治愿望表明，印第安人问题已作为实现国家发展目标的重要组成部分来加以理解，并正在从积极的方面逐步采取措施来加以解决。

参考文献

［1］Alvaro Bello y Marta Rangel. "*La Equidad y la Exclusión de los Pueblos Indígenas y Afrodescendientes en América Latina y el Caribe*"［J］. Revista de la CEPAL76，abril de 2002.

［2］José Bengoa. *Relaciones y Arreglos Políticos y Jurídicos entre los Estados y los Pueblos Indígenas en América Latina en la Última Década*［J］. Santiago de Chile：CEPAL，agosto de 2003.

［3］Karl Marx. *La Ideología Alemana，de Cultura Popular*［M］. México. 1974.

［4］Martín Hopenhayn y Álvaro Bello. *Discriminación tnica – Racialy Xenophobia en América Latina y el Caribe*［M］. Santiago de Chile：CEPAL，2001.

［5］Rodrigo Valenzuela Fernández. *Inequidad，Ciudadanía y Pueblos Indígenas en Bolivia*［J］，CEPAL，Santiago de Chile，marzo de 2004.

［6］Rodrigo Valenzuela Fernández，*Inequidad，Ciudadanía y Pueblos Indígenas en Chile*［J］. CEPAL，Santiago de Chile，noviembre de 2003.

［7］Rodrigo Borges Martín. *Desigualdades Raciales y Políticas de Inclusión Racial：Resumen de la Experiencia Brasileña Reciente*［J］. CEPAL，Santiago de Chile，M Arzo de 2004.

［8］恩格斯. 家庭、私有制和国家的起源，载马克思恩格斯全集 第21卷［M］. 北京：人民出版社，1965年第1版.

马克思主义在拉丁美洲的发展

于 淼①

一、引 言

自 1917 年俄国十月革命胜利的枪声传遍世界,马克思主义也随之在世界各地蓬勃发展。而拉丁美洲的马克思主义传入时间则相对更早。提及拉丁美洲,人们想到的不是各种主义和思想,更多的是物质资产,如玉米、马铃薯、咖啡、可可、橡胶、金、银、铜等数不尽物质财富,而拉丁美洲也作为世界原材料重要产地被众人认知。提及拉美的思潮,人们往往提到的如民众主义,新自由主义等,无一不是对外来思想的一种模仿。马克思主义在拉丁美洲则经过接受,片面的结合到本土化的过程,逐渐形成了拉美化的马克思主义。

二、马克思主义的早期发展

希腊人普罗帝诺·罗达卡纳蒂(Plotino Rhodakanaty)② 于 1861 年出版《社会主义宪章或查尔斯·傅里叶派社会主义要理问答》,在这本书中罗达卡纳蒂使用了"基督教社会主义"一词,并将耶稣的福音体现到激进的社会主义纲领之中,他认为"耶稣宣讲的教义与社会主义没有二致"(Fornet,

---

① 于淼:女,吉林外国语大学西班牙语专业教师,讲师,中国社会科学院研究生院在读博士。研究方向:西班牙语—汉语翻译;拉丁美洲政治研究。
② Plotino Constantino Rhodakanaty(1828.10.14—1890.2.7)生于墨西哥城,是社会学家,支持无政府主义,19 世纪墨西哥农民革命运动的积极参与分子。

2001: 23-24)。罗达卡纳蒂将马克思主义中的社会主义纲领与基督教的教义结合一起，形式上将马克思主义引入了拉丁美洲。1884—1917年，这期间马克思主义与拉丁美洲土地上的社会主义逐渐分离，因这一时期，拉丁美洲的主要思潮为实证主义。自1884年《共产党宣言》的西班牙语版问世，阿根廷的两位政治学家、哲学家胡安·包蒂斯塔·胡托斯和何塞·因赫聂罗斯通过实证主义与马克思主义的对话开创了拉美实证社会主义传统。（Fornet, 2001: 51）二人分别在1910年出版的《历史理论与实践》及1913年出版的《阿根廷社会学》著作中，二人接受马克思主义的同时，用实证主义革新了马克思主义。这代表了马克思主义接受了拉丁美洲传统的洗礼，从此在拉丁美洲这块大陆上生根发芽。

俄国十月革命之后，马克思主义通过第三国际再次传入拉丁美洲。各国共产党纷纷成立，列宁主义作为马克思主义的发展传入世界各个角落。无产阶级要作为世界政治舞台的主角争取自己的政治利益。1929年，拉美共产党第一届大会在宜诺斯埃利斯召开。同年，以秘鲁政治家阿亚·得拉托雷为代表的民粹主义推崇者代替了实证主义者与马克思主义进行衔接。1924年，阿亚在墨西哥创立美洲人民革命联盟，他的思想被称为阿普拉主义。他认为，马克思主义在拉丁美洲上要有区别于欧洲马克思主义的特点，因此提出了"方言马克思主义"。而仅是马克思主义拉美形式化的发展。尤其是阿亚提出列宁主义是欧洲马克思主义，并不适用于美洲，因此列宁提出帝国主义是资本主义的最后阶段，在拉美是不适用的，在拉美，帝国主义是资本主义的初级阶段。他的思想否定了马克思主义的普遍性。但马克思主义与民粹主义的这场对话，标志着马克思主义已经具有现实力量走入了拉丁美洲，并接受了拉美各个思潮对它的校正，是马克思主义拉美化的开始。

三、马克思主义的重要发展—马里亚特吉纲领的提出

秘鲁共产党人马里亚特吉①的思想是马克思主义拉美化的从形式到思想

---

① 何塞·卡洛斯·马里亚特吉（1894—1930年），秘鲁马克思主义思想家，秘鲁共产党创始人，作家，拉丁美洲杰出的共产主义运动领袖。其理论观点，被称为马里亚特吉思想。

灵魂再塑造的创新。他开辟了一条马克思主义本土化的道路，是拉美化的马克思主义的思想基础。他在1926年发表的著作《关于秘鲁国情的七篇论文》和写于1928年的遗著《为马克思主义辩护》是拉丁美洲马克思主义的经典著作。在《关于秘鲁国情的七篇论文》中马里亚特吉提出印第安问题或者说土著问题，实质上是经济问题，根源在于殖民时期所遗留的土地所有权制度问题，属于社会剥削问题。这个问题只有通过对经济制度进行社会主义改造，才能得到根本解决，才能满足印第安人的生活需求。这样，他将拉美的印第安问题与世界社会主义革命联系在一起。在秘鲁，社会主义者成为印第安主义的代表，马克思主义与拉美色彩浓厚的土著主义进行了有机的结合。马里亚特吉用马克思主义分析了拉丁美洲印第安人的问题，扩展了马克思主义的本土视野，有机结合了本土的特殊情况，形成了印第安美洲的马克思主义。这是他用社会主义解决印第安土著问题的一种尝试。马里亚特吉所提出的社会主义属于本土化的社会主义，是印第安人用自己的方式解决自己问题的一种社会主义。马里亚特吉对于印第安传统的维护并不是基于抽象的正义或是传统的情感，是基于具体实际的经济社会，尽管印第安群里一直被边缘化，印第安传统被漠视，可其展示出来的活力和可能性是不容忽视的；马克思主义不能是移植，要结合印第安人的要求，他并不看好民族资产阶级，认为他们缺乏民族意识、不看重民族主权、妥协于帝国主义，无法承担反帝国主义的民族主义革命。所以，他坚持社会主义革命无产阶级要掌握领导权，这也是他创建秘鲁共产党的原因。然而，马里亚特吉的并没有完全接受那个时代正统的马克思马克思主义-列宁主义，他认为马克思主义具有宗教的功能，在《关于秘鲁国情的七篇论文》中，马里亚特吉曾说："共产主义实质上是宗教的。"（马里亚特吉，1987：208）福尔内特—亚当在分析马里亚特吉的马克思主义曾点明马里亚特吉的马克思主义"……具有一种信仰的味道、意志的味道，包含着英雄般的创造性的确信，对马克思主义而言寻找一种平庸的、消极的决定论情感是荒谬的。"（Fornet，2001：159-162）这种浓烈的意志论和宗教色彩是马克思主义发生了巨大变化，因此，也有人说，马里亚特吉的马克思主义是一种"异端马克思主义"。但马里亚特吉的宗教化马克思主义为后来的解放神学奠定思想基础。在其他大陆马克思主义蓬勃发展之际，拉美的马克思主义并没有发展壮大，马里亚特吉因避免同共产国际的冲突辞去党内职务，拉美马克思主义进入新阶段。

四、马克思主义理论、实践的新发展—古巴革命与依附论的诞生

自1930—1941年，拉丁美洲的马克思主义开始斯大林化，模仿移植第三国际马克思主义，失去了拉丁美洲的本土化色彩。1947年"冷战"开始，开始斯大林主义的革命阶段论即：先进性反帝反封建的民族革命，在进行社会主义革命，需要与民族资产阶级共同合作，才能完成最后的社会主义革命。这种斯大林思想在拉美一直持续到古巴革命的胜利，在这期间拉美本土化的马克思主义销声匿迹。

全面改变马克思主义在拉美发展境况的重要事件是古巴革命，古巴革命标志着拉美化的本土马克思主义的重生。随着古巴的枪声，拉美的文人用文字对马克思主义进行深入探讨。1968年，古巴的哈瓦那文化大会及麦德林的第二届拉丁美洲主教大会，提出了马克思主义在拉丁美洲的革新发展及为穷人谋福祉的解放神学运动。

对于马克思主义的本土化发展，不得不提及的是格瓦拉式马克思主义。切·格瓦拉提出的马克思主义，首先是反教条主义，要解放思想。必须以"知性的勇猛"来应对新的问题，不能成为"冰冷的经院哲学"和一种防御性思想。（Fornet，2001：279）古巴的社会主义建设是前人所无法预料的，要根据古巴的特点，走自己的路线。在社会主义建设过程是人在建设中成为主体的过程，解放不是自动形成的，共产主义的建设需要物质基础的同时，需要人的意识的觉醒，而这种认知不仅仅是对伦理意识的批判，同样要正确地对现实有科学的认知。

马克思主义的另一本土理论发展则是依附论的提出。依附论所展示外围资本主义（包括拉美地区）的不发达地区与中心国家（欧美地区）的发达地区之间的发展关系。拉美经委会的创始人普雷维什认为，世界经济体系由"中心"和"外围"构成，这种格局形成了一个排斥性的体系。"中心"是发展快、工业化强的资本主义发达国家，"外围"是发展缓慢、以原材料出口为经济支柱的单一产业模式的发展中国家。"中心"国是技术进步和资本输出的中心，是全球经济周期的策源地，"外围"国家的经济结构、发展动

力受中心国家的严重影响。"中心"和"外围"的关系是不平等的,"中心"攫取了大部分生产资料所产生的经济剩余价值,并日益强大;"外围"则无法摆脱经济困境。依附论正是继承了普雷维什的"中心—外围"结构理论,在国际经济框架中阐述观点并推导出政策的开放性方法。(迈耶,1998:195)因此,拉美的问题并不是因为资本主义发展不足要继续支持民族资产阶级发展资本主义,而是资本主义发展无力,资产阶级过于懦弱容易妥协,需要针对资产阶级及资本主义进行革命。依附论是对马克思列宁主义帝国主义理论的补充,是马克思主义在拉美本土化理论的重要部分。

五、结语

从1861年罗达卡纳蒂的基督教社会主义到20世纪60年代依附论在拉丁美洲的蓬勃发展,马克思主义已深入到以基督教以人为本价值导向的文化传统之中。马克思主义在拉丁美中始终受拉丁美洲传统的校正。在早期,由胡斯托、因赫聂罗斯的实证社会主义到格瓦拉的古巴社会主义都是这种传统校正的证据。马克思主义在拉丁美洲的发展并不受外力的束缚,而是由拉美人自己来创造。关注拉丁美洲马克思主义的发展,不能单单关注拉丁各国的共产党,除共产党外,与拉美传统交融提出的依附论、解放神学均是马克思主义拉美本土化的体现。它不会随着苏联解体而消亡,拉美的马克思主义发展由拉美人自己来发展。

参考文献

[1] Joseph, L Love. The Origins of Dependency Analysis [J]. Journal of Latin American Studies, vol. 22, no. 1, 1990.

[2] Peter Evans. After Dependency: Recent Studies in Class, State, and Indus rationalization [J]. Latin American Research Review, vol. 20, no. 2, 1985.

[3] Raúl, Fornet Betancourt. Transformación del Marxismo: Historia del Marxismo en América Latina [M]. Nuevo León: Universidad Autónoma de Nuevo León, México D. F.: Plaza y Valdés Editores, 2001

[4] Ronald H. Chilcote. Issue of Theory in Dependency and Marxism [J]. Latin American Perspectives, vol. 8, no. 3/4, 1988

[5] 江时学. 论拉美左派东山再起 [J], 国际问题研究, 2007 年第 3 期.

[6] 马里亚特吉著. 白凤森译. 关于秘鲁国情的七篇论文 [M]. 北京: 商务印书馆, 1987 年.

[7] 马克思、恩格斯. 马克思恩格斯选集（第二卷）[M]. 北京: 人民出版社 1995 年.

浅议西班牙语与汉语概念隐喻的相似性

赵 沫①

隐喻（metaphor）不仅是一种语言现象，更是人类的思维与认知手段。人类从实体到非实体、从具体到抽象的认知规律，决定了人体和颜色等简单具体事物在理解复杂现象中能起到的认知基础作用。由于人类的身体结构和基本生活需要等具有很大程度的相似性，因而具体事物的隐喻化在不同语言中也具有广泛的一致性。本文试图通过对西班牙语和汉语在隐喻投射中的分析，揭示两种语言在隐喻方面表现出的跨语言、跨文化共性。

一、隐喻理论概念

认知观隐喻研究以 George Lakoff 为代表，他与 Mark Johnson 合著的《我们赖以生存的隐喻》（*Metaphors We Live By*）在 1980 年的出版标志着隐喻理论的诞生。该理论指出隐喻的本质是两个认知域之间互动形成的跨域映射，揭示了其在认知中的基础性地位和系统性框架。目前，较有影响力的解释隐喻工作机制的理论，一是上述的 Lakoff & Johnson 的体验论概念隐喻，二是 Turner & Fauconnier 的概念整合理论。

隐喻的功能主要体现在用言简意赅的语言形式来表达复杂的思想，或通过增强语言的直观性、生动性和形象性来表达抽象的概念或含义，使其赋有具体的形象。隐喻借助较为具体的事物谈论较为抽象的事物，是人思维认识、组织和归纳客观事物的重要媒介，也是日常语言的常见表达方式。隐喻

---

① 赵沫：女，吉林外国语大学，讲师；研究方向：中国文化西班牙语翻译。

可以使语言更加丰富多彩，比如帮助形成语言的变迁和一词多义等现象。在隐喻的基本结构"A 是 B"中，隐喻既可以是词组、句子，也可以是谚语、寓言或谜语。（Black，1962：27）Black 把 A 项称作主项（principal subject），也叫作框架（frame），B 项称为次项（secondary subject），也是隐喻的焦点（the focus of the metaphor）其结构由始源（source）和目标（target）构成，把始源域（domain）的框架投射到目标域上，便形成隐喻。隐喻有四个重要特征：约定俗成性、系统性、非对称性、抽象性。

英国学者 Ogden 和 Richards 在《意义的意义》（The meaning of Meaning）一书中提出了著名的语义三角理论（Ogden and Richards's meaning triangle/semantic triangle）来强调符号的表征性。这一理论解释语言中的符号如何与它所代表的客体产生关联。语义三角形的三个顶点分别为符号（symbol）、所指示的实物（the referent）和思维（thought or reference）。在书中，学者们重点区分了感情语言（比喻性语言）与叙实语言（非比喻性语言）。他们认为一切语言混乱产生的根源，恰恰是混淆了这两者的界限。但 Ortony（1979）等人并不认同对这种区分字面语言和比喻性语言的做法，他们提出了"建构论"的研究方法，认为隐喻在语言中的作用不是寄生或派生的。话语的隐喻意义和建构意义并无本质区别，二者均是对语言使用和语言理解的创造性活动。

从语用的角度说，隐喻是语言的字面意义与语境发生冲突时所选择的与语境相符的另外一种理解。作为语言发展变化的重要方式，它一方面可以增加表达的精确性和形象性，另一方面也可以填补词汇的空缺，如尚未命名的新鲜事物。以西班牙语为例："鼠标"一词 ratón 本义为老鼠，"电脑"ordenador 直译为整理机。这些科技词汇的命名充分体现束定芳的以下陈述："隐喻是语言中词义变化的重要方式。我们似乎可以说，隐喻是语言变化的先导，是语言的刀锋（cutting edge），它总是处于不停地变化之中，而规约（convention）则紧跟其后面。随着时间的推移，隐喻变成了死喻，成为词义的一部分。隐喻词因而成为同音词、多义词等。"（束定芳，2000：119）这里新出现的事物通过人脑对客观事物的映射反映，以一定的语词形式确定下来，它一方面是由语音、词汇、语法等构成的符号系统，同时也是使用者认知结构的外显形式。这里，从词汇 ordenador（整理机）到其所指的实际客观对象"电脑",并不是完全对应的关系,而是经过了头脑中的形象概念作为其中介。由此可见,人类在认识世界时所建立的意义来自主体对人与世界关系的体认。这里在推理形成有意义的概念过程中,人类丰富的联想力扮演了重要的角色。

二、意象映射的相似性

人们的认知过程是从一个意象到另一意象的意义投射,是发生在源域(source domain)和目标域(target domain)之间的系统结构映射(structural mapping)。举例而言,西班牙语与汉语都有"时间就是金钱"(El timpo es dinero)的表达,这一典型的概念隐喻结构中,两种语言都是把源域"金钱"的部分特性投射到目标域"时间"上,以此来说明二者的宝贵和其所具有的消耗性特质。根据周榕(2000)对汉语与英语的研究,时间隐喻结构是由时间是动体、工具、改变者、空间、容器等11个维度构成的,因而虽然不同语言文化对其表述可能不同,但其中表达的潜在概念是相似的。汉语有"逝者如斯夫,不舍昼夜。"将时间比喻为流水,同时也有"时光飞逝"等表达,而"飞"这一意象在西班牙语中也有同样的对应"El tiempo pasa volando."这种现象是由于两种语言都基于"时间是动体"这一基本特征,因而关于时间的隐喻表征具有此跨文化的相同性。

汉语在形容人的性格时会用隐喻"这个人是一只老狐狸。"而西班牙语中也有(ser un zorro)这样的表达,或用 astuto 等用来描写狐狸的形容词代指人的狡诈。事实上,"狐狸"等这些源域投射的过程都是基于人们的认知基础,也是体现文化共通性的地方。正是由于隐喻作为人类的一种认知和思维形式,才会产生不同语言文化使用相同或相似的隐喻概念这一现象,即基于事物间的相似性质而产生联想。由于类似的身体经验和物理经验,从而产生了近似的意象图式结构,使得其隐喻取象大同小异。

根据 John I. Saeed 在《语义学》(*Semantics*)一书中的观点:词义的确定往往受到语言环境的影响,一方面是限制性影响,另一方面是创造性影响。其中限制性影响体现在词与词的搭配重复出现上,由于出现频率高,进而形成固定搭配。而创造性影响则体现在语境可以影响词义的发展和变化上，使得一词产生多义。其中既可以是某词的几个系统意义分别在不同的语境中起作用，而产生多义；也可以是某词的语境为其系统意义增添新信息，使得某词的词义可以延伸并适用于新语境，这也即是词义的含糊性。(Saeed, 2000: F23 - F24) 这一点充分体现了语义"一头连接客观世界，构成反映和被反映的关系；一头连接人的主观世界，在每一个人的头脑中贮存着一套反映外部世界不大不小的同一系统；还有一头连接彼此交往的人们头脑中的语义系统，借助一定的语言形式互相沟通，使思想交流和文化传播成为可能。" (刘焕辉, 2001: 11) 比如汉语中"一帆风顺"一词，在西班牙语中的表达是"Ir viento en popa" (ir 行进, viento 风, en popa 在满帆的状态下)。两种语言使用了相同了事物：满帆的船顺风行驶来喻指事情进展顺利无阻碍。其描写场景均由原初的海上作业引申到了社会生活，并根据具体的语境而产生新的附加信息，这种新的信息由于其边界的模糊性使其应用范围可延伸到多种语境。这里风帆与事物进展的顺利程度一方面是船帆的客观世界，一方面是社会生活的主观世界，是隐喻使得两者作为不同的语义系统得以连接。此外，这一隐喻的意象实际上也在揭示人与自然的基本存在关系，即人类社会与自然的相似统一，这也是不同语言间可以针对各异事物建立起等值关系，使得翻译中原文与译文喻体寓意对应，并能进行忠实翻译的前提。两种语言的翻译者可以通过寻找原文与译文喻体概念"风帆"之间的联系，建立相似的寓意关系，使西班牙语与汉语在此处能够达到形合意合。

三、隐喻源域的相似性

（一）颜色源域——以白色为例

自然语言中词汇在意义上往往不是一个点，而是一个面。这个面所具有的连通性是认知过程中记忆和联想机制在语言中的反映，因而它不仅体现在一词多义上，同时也体现在复合词、固定词组以及习语谚语等上面。"本义往往是一个词汇所具有的原义，而喻义往往是从本义派生出来的，是人类认知时跨概念域映的结果。"（王寅, 2001: 228）认知语言学家 Langacker (1991) 也指出多义词的各个意义之间的联系不是任意的，而是从典型意义发展而来的，借助特定的语义引申机制，多种意义之间的联系都是有根据的。同时，这些多义词各义项的形成与人们联想能力不断扩展密切相关，其语义的家族相似性即与隐喻能力有关。人们就是根据事物之间的相似特征进行概括关联、建立范畴，从而获得新的语义。

这一点与 D. A. Cruse 提出的意义谱（sense-spectra）概念有一定相通之处，意义谱即指一个词语形式的几个意义构成一个连续统，彼此的界限并不清楚，就像是同一光谱上的相近颜色，而词汇之间的意义过渡是渐进的，由此而形成一个意义谱。（Cruse，2009：72-74）比如以下句子中西班牙语的 blanco（白色）一词的引申语义就构成了一个典型的意义谱，同时也是典型的隐喻形式，这里汉语与西班牙语也有共同之处。

1. No puedo invitarte a comer, porque estoy sin blanco ahora. 直译为"我不能请你吃饭，因为我现在没有'白色'。"这里的 estar sin blanco 没有白色的状态是指"一贫如洗"、一穷二白"。而无论是汉语还是西班牙语此处都是用"白色"来形容"无"这个概念，无根基，无积累，从而引申出穷困的含义，即是以白色作为隐喻映射。

2. Me quedé en blanco cunado tenía que hablar en público. 当时需要做公众演讲的时候我"停在了白色中"。Quedarse en blanco 就是汉语所说的"大脑一片空白"，什么也记不得或不知该说什么。虽然也是我们前面所提到的"无"的概念，但这是在"白色"概念谱中相近却非同一的位置上。

3. 西班牙语还有 No sabe cómo puede solucionar el problema, por eso ha pasado la noche en blanco. 他不知道如何解决这个问题，所以"在白色中"度过了一个晚上。这里 pasar la noche en blanco 是指"失眠一整晚"。在汉语中虽然不用白色来表达失眠，但其意象也有类似的体现，比如形容人"像一张白纸"指心思简单，"白饭、白水""白手起家"等指没有附加因素或条件，"白茫茫大地真干净"在《红楼梦》暗指贾家败落等。以上例子均来自于白色作为色彩的文化内涵如空白、虚无、干净、没有附加物等。白色作为源域，使得其他抽象的概念可以借助它得以呈现。

在这里，就引出了另一个需要提及的方面，即这种源域既是两种语言隐喻相似性的根基，同时也是差异性的源头。这点是因为隐喻的经验基础既有体验性又有文化性，其原因与概念隐喻的分类有关。概念隐喻可以分为基本隐喻（primary metaphor）和合成隐喻（complex metaphor），其中前者"融入日常经验，使得主观经验和判断与感知动觉经验结合起来"（Lakoff & Johnson, 1999：49）"许多基本隐喻必然会具有普遍性，因为就隐喻的特征而言，从根本上说人人都有相同的身体和头脑，都生活在相同的环境中。而合成隐喻则是另一回事，是由基本隐喻构成，并利用基于文化的概念框架。由于这种隐喻带有文化信息，所以在不同的文化中差异会很大。"（Lakoff & Johnson, 2003：257）我们由西班牙语 blanco（白色）的隐喻即可发现这些非基本义都高度依赖文化语境。举例而言，下一表达即是西班牙语区别于汉语的用法：

4. En esta ceremonia tan importante, todos fuimos de punta en blanco. 在这场如此重要的庆典中，我们所有人都"在白色的尖头上"ir de punta en blanco 是指穿着优雅整洁。这与西方传统新娘身穿白色婚纱，因而白色象征纯洁忠贞有关。这一基督教传统即是典型的带有文化特征的隐喻。与此相对应的是汉语根据中国五行理论，白色对应肺、秋、西方。这些即是隐喻经验文化性的体现。这里两种语言隐喻的共性体现了两种语言思维本源上的一致，而差异性则表明思维受到的来自文化、环境、社会制度等多维度的影响。

（二）身体源域

我们对周围事物的认知很大程度上是隐喻性的，也就是从具体的映射到抽象的概念。在这一过程中，许多目标域存在潜在的普适性，比如各文化种族的人们都大体有着基本相同的身体结构及身体功能，因此在不同语言里涉及无生命事物的表达方式都是可以通过人体及其各部分的隐喻来形成。这实际体现出人类语言有这样一种通过隐喻从人体的结构中去观察整个自然界的倾向。"所谓身体隐喻就是人类把对自己身体的认识形成的概念域作为始发域（喻体），映射到不熟悉的、抽象的事物（目标域或本体）上，以此达到认识事物的目的。"（项成东，2010：80）比如西班牙语"En un abrir y cerrar de ojos"（在眼睛一睁一闭之间），即是我们汉语所说的"一眨眼的工夫"两种语言都用这一现象来代指动作发生在很短的时间内或动作迅速。再比如 Sentir amor a primera vista（第一眼即感受到爱），也就是汉语的"一见钟情"等都是身体结构迁移到抽象事物理解上的体现。

卢卫中根据对人体隐喻化认知特点的研究，指出人类由实体到非实体、由简单到复杂、由具体到抽象的认知规律，决定了人体及其器官的隐喻化是人类形成和表达概念的基本途径之一、也是人类认知世界的基础。即"近取诸身、远取诸物"是在这两种语言中都较为普遍存在的。"人体及其器官是人类认知的基础和出发点；之后人们又把对人体的认知结果投射到对其他物体、事物的认知与理解之上。"（卢卫中，2004：472）这一点我们可以通过以下的例子略见一二：

5. 西班牙语中的表达"Quedarse/ estar en los huesos"这里 quedarse 和 estar 表示处于某种状态，即一个人处在只剩下骨头的状态中，也就是我们汉语所说的"瘦得皮包骨"。

6. 近年来汉语中流行的"洗脑"一词，西语中也恰有 Lavar el cerebro 这一短语与之对应。"被清洗大脑"，两种语言都选择了同样的隐喻来描绘思想灌输行为。

7. 另一形象的比喻"Meter la pata" meter 是插，pata 是动物的脚，亦即我们汉语的"插一脚"，来形容他人参与进他们并不受欢迎的领域。

8. 日常生活中常见的"话就在嘴边"，在西班牙语中的表达是 Tener algo en la punta de la lengua.（话在舌尖）这种马上要脱口而出的状态在两种语言中都有（a）很熟悉，但想不起来怎么说。（b）犹豫是否要说因而还没有说出口的状态。而这（a）、（b）两种含义的相似性更是让我们看到了中、西两种文化在认知上的普遍性。

上述例子中的双语概念表征基本同属于形式相似、概念相同的情况。而实际上，汉、西双语的表征存在多种隐喻语言形式与概念之间的对等情况，比如形式相似、概念不同；或形式不同、概念相似等。举例而言：汉语中的"一箭双雕"在西班牙语中叫作 Matar dos pájaros de un tiro,（matar 杀死，dos pájaros 两只鸟，de un tiro 用一颗子弹）在这十分类似的表达中，两种语言的描述所使用的工具是不同的，但含义却完全一样（事实上，汉语中也有"一石二鸟"等同义表达），都指通过一个动作达到两个目的，一举两得。这是可以归类为形式不同、概念相似的情况。而无论是哪种情况，这里的母语概念迁移都会对无论是汉语还是西班牙语的学习者的认知过程产生影响。这种背景文化知识的迁移，一方面是学习者在外语学习中理解隐喻的重要方法，同时也是进行语言互译活动的重要基础。

总体而言，认知语言学发现身体结构及器官是隐喻源域的重要来源，人类根据自己熟知的身体去认识外部世界和描绘事物。这一过程的本质是自发无意识的认知过程，同时也是丰富语言的重要手段。这种人体域到其他物体域的结构投射说明汉、西二语在形成和表达概念过程中在自身体认重视和借鉴程度上有着高度的相似性。

四、总结

语义是一个处于非静止状态的系统，不断接收其他的异质因素介入其中。隐喻不仅是一种修辞，同时也是通过一个概念域来理解另一个概念域的理解方式。本文借由分析西班牙语和汉语在意象映射和隐喻源域等方面的相似性，试图表达两种语言的抽象思维都会部分通过隐喻实现，其隐喻概念存有共同之处这一观点。这种判断是基于人们对事物认知的相似模式，即人们在推理判断的过程中，会借助一个概念来表达另一个概念，通常为借助具体事物来描述抽象事物。本文通过对西班牙语与汉语在颜色、身体等领域相同的隐喻表达进行对比，我们可以看出隐喻作为复杂的社会文化和心理语言现象，能体现出不同自然语言中语形和语义间的共通性和共同性。在今后的研究中，跨语言、跨文化研究是检验概念隐喻是否普遍存在的大趋势。从语言和文化人类学的角度可以进一步通过语言系统和概念系统的连通来探究人类的统一本质属性。

参考文献

［1］Black, M. *Models and Metaphors*. Ithaca：Cornell University，1962.

［2］Cruse D. A. *Meaning in language*：*An introduction to Semantics and Pragmatics*. Oxford：Oxford University Press，2000.

［3］Lakoff, G. & M. Johnson. *Afterword. In G. Lakoff & M. Johnson*，*Metaphors We Live By*. Chicago：University of Chicago Press，2003.

［4］Lakoff, G. & M. Johnson. *Metaphors We Live By*. Chicago：University of Chicago Press. 1980.

［5］Lakoff, G. & M. Johnson. *Philosophy in the Flesh*：*the Enbodied Mind* and Its Challenge to Western Thought. New York：Basic Books，1999.

[6] Langacker, R. *Foundations of Cognitive Grammar. Vol.* 2，*Descriptive Applications.* Redwood：Stanford University Press，1991.

[7] Ogden, C. & Richards, I. *The Meaning of Meaning.* London：Routledge，1946.

[8] Ortony, A. (ed.) *Metaphor and Thought.* Cambridge：Cambridge University Press，1979.

[9] Saeed, J. I. 吴一安导读. *Semantics* [M]. 北京：外语教学与研究出版社，2000.

[10] 陈家旭. 英汉隐喻认知对比研究 [D]. 华东师范大学，2004.

[11] 戴卫平. 词汇隐喻研究 [M]. 广州：世界图书出版公司，2014.

[12] 黄华新，吴恩锋. 论汉语"人生"的隐喻认知机制 [J]. 浙江社会科学，2005（04）：106－111.

[13] 黄华新. 认知科学视域中隐喻的表达与理解 [J]. 中国社会科学，2020（05）：48－64＋205.

[14] 林书武. 国外隐喻研究综述 [J]. 外语教学与研究，1997（01）：14－22.

[15] 林书武. 隐喻研究的基本现状、焦点及趋势 [J]. 外国语（上海外国语大学学报），2002（01）：38－45.

[16] 刘法公. 隐喻汉英翻译原则研究 [D]. 华东师范大学，2008.

[17] 刘焕辉. 言与意之谜－探索话语的语义迷宫 [M]. 北京：中国社会科学出版社，2001.

[18] 卢卫中. 人体隐喻化的认知特点 [A]. 束定芳. 语言的认知研究－认知语言学论文精选 [C]. 上海：上海外语教育出版社，2004：470－485.

[19] 孟志刚. 英汉隐喻意义取象的共性和个性及其翻译 [J]. 西安文理学院学报（社会科学版），2010，13（04）：101－103.

[20] 束定芳. 隐喻学研究 [M]. 上海：上海外语教育出版社，2000.

[21] 王怿旦，张雪梅. 从语义三角理论看语言模糊性根源 [J]. 宁夏大学学报（人文社会科学版），2012，34（04）：80－82.

[22] 王寅. 语义理论与语言教学 [M]. 上海：上海外语教育出版

社，2001。

[23] 项成东. "心为主" 隐喻的认知分析 [J]. 语言教学与研究，2010 (01)：80–87.

[24] 周榕. 时间隐喻表征的跨文化研究 [J]. 现代外语，2000 (01)：58–66.

心理空间理论对《次北固山下》一诗的西班牙语翻译分析

赵 沫①

一、前言

翻译作为跨语言、跨文化的交流活动,与人类的认知行为紧密相关。心理空间理论由 Gilles Fauconnier 最早发表于 1985 年,已经成为认知语言学的重要研究方向之一。Fauconnier 认为每一个心理空间都是一个模拟,神经的共联构成跨空间的基础,自然语言中的理解即通过心理模拟实现。他为我们提供了理解譬喻背后更为复杂的心理运作机制,开辟了研究认知和语言关系的新范式。

《次北固山下》是唐朝诗人王湾的五言律诗,诗中表现了壮阔景象,对盛唐诗坛产生了重要影响。其中颈联"海日生残夜,江春入旧年"两句更是被看作绘景佳句,被唐末诗人郑谷赞叹为"何如海日生残夜,一句能令万古传"。

心理空间理论为不同语言间的翻译及古典诗词的阐释提供了一种实用的认知工具。本文拟通过心理空间的理论视域,分析《次北固山下》的一个西班牙语译本,旨在美学与文化意象层面之外,从认知角度进行翻译文本分析。

---

① 赵沫:女,吉林外国语大学,讲师;研究方向:中国文化西班牙语翻译。

二、理论框架及核心概念

心理空间理论的提出者 Gilles Fauconnier（2008：13-14）认为心理空间主要探索语言形式背后的幕后认知（backstage cognition），是思维和说话时的信息集合，也可以用来描写在此过程中语言形式幕后的各种语义、语用和文化等信息相互作用和整合的过程。

由于 Fauconnier 的书似乎没有中译本，我们采用我国台湾学者张荣兴教授的理解来作为对心理空间的定义。

在日常生活中，对事物的想象或者假说、对未来的期望、对过去的回忆、对事物的信念，以及对影像中事物的看法等都是常见的心智运作模式，这些都是不同的心理空间（mental spaces）。而这些心理空间都是建立在与现实世界对比的基础上所延伸来的。例如过去式是指在说话当时之前所发生的事件，所以属于过去心理空间，而未来式是指说话当时之后所发生的事件，所以属于未来心理空间，两者共同之处在于都是以说话当时的时间为参考点，因为说话当时的时间是现实的世界，因此将它称之为真实空间（reality space），因为是各种不同心理空间的基础，因此又称之为基础空间（base space）（张荣兴，2012：1001）。

通过心理空间建构词（space-builders）可以建立诸多与真实空间相对的心理空间，如：时间心理空间（time spaces）、空间心理空间（space spaces）、活动范围心理空间（domain spaces）、假设心理空间（hypothetical space）等。

心理空间的构建可以帮助理解话语的局部信息。这种构建与我们思维中长时记忆的抽象知识结合，随着话语和思维的展开而进行重新的连接，不同的认知映现连接两个或以上的心理空间，从而形成心理空间网络。在神经层次上，心理空间是一组被激活的神经元的组合体（neuronal assemblies），心理空间中认知成分的连接相当于认知心理学中激活的捆绑（bingdings）。因此，我们动态地构建心理空间，而有些心理空间由于出现的频率较高，也可形成新的认知图式。

关于语法及语言在意义建构中的作用，Fauconnier 指出（1994：XVIII）

意义的建构复杂而细致，但语言所编码的意义则粗简抽象。语言允许我们用最少的语法结构使丰富的意义建构适合于某一语境。在这种认知构建中语法是一组标示不足的语言形式（underspecified linguistic forms）。这时，语法在意义建构中起的是提示和引导作用，即语言本身并不做认知建构，而只是给我们提供较少但足够的线索，使得我们能够找到某一特定语境下用于建构的认知领域及认知原则。

笔者认为，这一点可以理解为汉语中的"辞不尽意"或"意在言外"。也可把这一点与庄子对"意"的阐释相联系："语之所贵者，意也。意有所随。意之所随者，不可以言传也。"（《庄子·天道》）心理空间是动态和认知的，是语篇理解过程中被部分标示的模式，这一点也许可以理解为所随的"意"。

心理空间理论自提出后，现已成为认知语言学的重要研究方向之一。作为其延续和发展，Fauconnier（1997）和Turner（1996）等人提出的合成空间理论/融合空间理论（blending theory），在空间融合理论中，空间融合（blending）是一种想法整合，也可说是心理空间的整体运作，它能表现出多维空间相关成分的映射，揭示各心理空间的相互联系与新思维。心理空间是人们在思考或者交谈的时候建构在人的稳固知识结构上对某一特定概念域的临时性表征结构，也是人们在进行思考、交谈时为了达到局部理解与行动之目的而构建的概念包（conceptual packet）（Fauconnier& Turner，1996；引自汪少华等，2001：23）。

一般而言，这一整合过程中有四个心理空间，类属空间（generic space），两个输入空间（input I, input II）和一个复合空间（blend）。最小的空间融合的运作是融合两个输入空间（input space）产生一个复合空间（blended space），即第四个空间。这个复合空间的部分结构传承自原先的两个输入空间，但又与两个输入空间无关，是一种新的显性结构（emergent structure）。

从输入空间到合成空间的概念投射是有选择的，并不是所有的输入空间所含元素都会投射到这一合成空间。这也就是空间合成强调隐喻运作的机理，不是只有词汇从来源域投射到目标域，更强调不同语意间互动所产生出来的新语意结构。也就是说，这层结构并不直接来自输入空间，而是经过了一个复杂的心理过程。Fauconnier（1997；转引自汪少华2001）指出它通过组合（composition）完善（completion）和扩展（elaboration）三种相互关联的方式产生。这个过程就是"对合成空间进行运演"（running the blend），即：根据它自身的层创逻辑（emergent logic）在合成空间中进行认知运作。这一理论为探究理解人们如何建构意义与阐释意义开辟了新视野。作为一种普遍的人类认知活动，它具有极大的认知解释力，因而目前被广泛应用于语义及语用现象的解释中。

三、西班牙语译文及诗歌背景介绍

本文所分析的西译诗歌为唐代诗人王湾的《次北固山下》。王湾（693—751），今河南洛阳人，《全唐诗》存其诗十首，是唐玄宗先天年间进士，后来历任荥阳（今河南荥阳）主簿。因参与编撰《群书四部录》，出任洛阳尉等职。王湾在开元初年往来于吴楚期间，写下了一些歌咏江南山水的作品。他受到当时吴中诗人清秀诗风的影响，风格气象高远、风格优美。其中《次北固山下》为最著名的一篇，被认为是睹新春之景、咏思乡之情的名篇。

《次北固山下》这首诗作为古今名篇，在语言形式上结构完整，一脉相承，且具有高度的审美价值和艺术魅力。达到了王国维在《人间词话》中所确立的"能写真景物、真感情者，谓之有境界"的标准。作为诗歌写作的背景介绍，可将诗人顺江行船至北固山下，时值辞旧迎新之际略述如下：

Un poema de la dinastía Tang (618—907), que describe un paisaje que observa el autor en el río Yangtze que corre por debajo de la montaña 北固 běi gù (en la Provincia de Jiangsu) en un tiempo entre el invierno y la primavera.

下面我们将本诗翻译的完整过程呈现如下：首先为诗句拼音，以期熟悉其音韵；其次为逐词翻译；之后为诗句翻译；最后做全诗整理。

该诗题目"次北固山下"中，"次"本指住宿，这里是停泊之意。北固山在今江苏镇江北，三面临江。如逐词翻译为西班牙语，则为：次 cì: Permanecer/quedarse；北固山 běi gù shān: montaña Běigù；下 xià: abajo.

客路青山外 kè lù qīng shān wài：(Visitante, camino, verde/verde clarito, afuera) El visitante pasa por el camino que está afuera de la montaña běigù.

行舟绿水前 xíng zhōu lǜ shuǐ qián：（Marchar, barco, verde, agua, delante）Está en el barco que marcha hacia adelante en agua verde.

潮平两岸阔 cháo píng liǎng àn kuò：（Ola, plano, dos, orilla, amplio）Las olas（suben y bajan），y se extienden hasta las orillas（de los dos lados）. Y el río se parece ancho y espacioso.

风正一帆悬 fēng zhèng yī fān xuán：（El viento, recto, uno, vela, colgar）La vela que está en viento en popa parece estar colgado recta

海日生残夜 hǎi rì shēng cán yè：（Mar, sol, nacer/surgir, incompleto/discapacitado/residuo, noche）El sol rompe la noche que está desapareciendo y sale desde el mar

江春入旧年 jiāng chūn rù jiù nián：（Río, primavera, entrar, viejo/usado, año）La primavera（que revela）en el río entra（con anticipación）en el año viejo.（Algo como la primavera llega antes de la Fiesta de Primavera）

乡书何处达 xiāng shū hé chù dá：（Pueblo/tierra natal, carta/escribir/libro, cuál, lugar, llegar）La carta a casa ya está escrita, pero ¿adónde/cómo la envío?

归雁洛阳边 guī yàn luò yáng biān：（Volver, ganso salvaje, Luòyáng. Lado）Los gansos salvajes que vuelven al norte, por favor, llevadme la carta a la ciudad de Luoyang.

西班牙人 José Julio Vacas Sánchez – Escribano 将全诗完整翻译如下：
Bajo el Beigu

El visitante linda con su paso el pie de la montaña.

En su barco, avanza entre glaucas aguas.

Las olas crecen y menguan, muriendo a ambas orillas de un río que se avista vasto y anchuroso.

Del soplo del viento pende la vela al cielo.

El mar da a luz al sol, fenecen las tinieblas.

En la noche vieja del río emerge prematura la primavera.

Hela la carta a casa escrita.

¿Acaso hay alguien que la remita?

Gansos salvajes, que del norte voláis,

Solo a vosotros puedo pediros que a Luoyang la lleguéis.

四、翻译分析

根据Fauconnier的概念整合理论，这里原诗是一个有空白的图式结构，由译者的理解活动来主动填充。译者首先要对作者王湾及其创作背景有所了解，并将原诗文本的具体内容作为输入空间1。译者结合自己的文化背景和知识结构，理解出诗歌的引申意境，这种背景式的理解为输入空间2。诗歌中依据心理空间建构词，可以区分出数个心理空间。这些心理空间以行船江中作为类属空间（generic space），其中江上风景成为不同心理空间之中的共同的概念。而从翻译的角度，这个类属空间则是译者与原作共享的意义和思想框架。最后完整的译文则是作为整合空间，它经历了与原文之间的映射、碰撞与融合，再有选择性地投射。这四大心理空间的构成即是译文的创作过程，亦即译者整合形式对等与意义对等的过程。

本诗的西班牙语译本中，诗人睹物思情，见到青山绿水新春之景，思乡之情油然而生之意是译文中的重点，亦即意象的翻译。意象中的"意"指审美主体的意识、心志、情义、旨趣等心理内涵，表现于艺术作品，则指其思想含义、情理内容、精神境界，可以理解为西班牙语中的imagen mental。而"象"虽来源于物，却不是单纯的物，而是想象与具象的共同体，但根据这一共同体自身的特点，可以理解为是imagen visual。如本诗中山水所描写的景物为我们提供了线索和一种现存结构。当我们将之结合认知原则，与思维背景框架结合在一起，就会在头脑中对诗中所表达的江上行船的意境进行意义建构，其结果的丰富程度远超过语言所明晰表达的信息。例如"风正一帆悬"一句，"Del soplo del viento pende la vela al cielo"重点希望在读者头脑中留下"正"与"悬"的画面感。至于是和风顺吹还是徐风微起，则需结合读者自己的"前理解"了。

Fauconnier理论在诗歌翻译的另一应用是关于不完整信息。Fauconnier认为逻辑与自然语言的句子是两种不同的事物。自然语言的句子在语言中有各种不完整的信息，这些不完整信息促使我们针对某一特定语境进行认知的意义建构。这些意义在建构中产生,并非由句子直观显现。例如本诗中的"潮平两岸阔"一句,浩荡的潮水平满,两岸间的距离显得格外辽阔。我们采用的翻译是"Las olas crecen y menguan, muriendo a ambas orillas de un río que se avista vasto y anchuroso."这里,宽平的江面是文字所表,但豁然开朗之感则需要在译者心理空间中建构,进而通过二语进行表达。再比如"归雁洛阳边"一句的信息并非语法意义上的完整,却由一个"归"字,给了读者足够的想象空间,即诗人漂泊异乡,满怀深情寄于一纸家书,望北回大雁替自己捎信回洛阳。这里出自《汉书·苏武传》雁足传书的典故,在西班牙语的译文中是很难体现或说明的,本译文所采取的处理方法是将其处理成拟人化的对话体"北回的大雁啊,唯有你们……"这里对于文化典故的处理也是应用了心理空间理论中虚拟空间的建构,力求通过"Solo a vosotros puedo pediros"来表达诗人的翘首北望之情。虽然其在语言的形式上只能达到"得意"而"忘形",但其目的却是追求《周易·系辞》所言的"立象以尽意"。

在古诗词的翻译中,一直有关于文化意象不可译现象的讨论(王天越,2001)。传统上,文化意象的翻译难点通常被归结为中国特殊的文化背景与人文精纯。使得古诗词中的文化内涵在不同思维方式及审美情趣下难以传达,从而使得文化意象在译本中缺失或缺损,无法在外国读者中引起共鸣,从而造成了"不可译"现象。但事实上,根据空间整合理论,当认知连接建立得当时,不同语言间也可搭建起对统一文化意象的空间,进而投射到不同语言中,形成翻译。Fauconnier(2008:17)认为很多包括类比和隐喻的构式都在来源空间、目标空间、类属空间按和整合空间之间建立起多个空间的整合网络。我们在不同的空间及其成分之间建立起认知连接,两个或多个空间中的成分可由认知、社会、文化和语用信息连接在一起。本诗中海上生"残夜",江春入"旧年",中的"残"与"旧",即需要应用 Fauconnier 提出的可及原则(Access Principle)和辨认原则(Identification Principle)与该诗心理空间中的另一个成分"思乡""忧伤"相对应,从而建立起认知连接。在本译文中,采取的是用西班牙语的两个副词"Acaso"与"Solo"来体现这一点。这里译文的映射回到原诗空间,则会发现译者对其语言结构做了较大的调整,这实际上也是为了追求更加符合西班牙语的表达习惯,而放弃了形式对等的体现。

诗歌后两句翻译的难点是"托物言志"与"触景生情"的情感阐释。本译文将现实空间中的夜"noche"与春"primavera"与虚拟空间中的惆怅情感通过后文中的副词加以表达，从而完成语法上的转喻链接（metonymic link）。这里的"春"与"旧年"作为描写除夕之语，不易在西班牙语版本中解释出其文化背景，即中国人最重要的传统节日，是阖家团聚守岁迎春的喜庆时节，且与"故年随夜尽，初春逐晓生"（隋薛道衡《岁穷应教诗》）等描写意境极为相似等。但是译作在此使用了"noche vieja"一词，一语双关：既体现了"残夜""旧夜"之意，也使西语的读者联想到西班牙语中"跨年"一词，使得西班牙语读者能够在阅读中建立自己新的虚拟空间。这里"noche vieja"一词即是跨空间（transpatial）的连接词语，能很好地体现出诗人所表达的残夜将尽、清晨来临，同时旧年将尽、新春来临的意境，这里的西语以夜（noche）代年（año），表达出了新旧交替、合家团圆的文意，这实际是由语言帮助我们建立和辨认了心理空间的不同成分，并重新进行了连接，从而在西班牙语中找到了对应的目标词来进行表达。

五、结　论

本文希望通过对心理空间理论的应用，为《次北固山下》一诗的西班牙语译本分析提供新的认知理论视角。诗人王湾将特定的旅人思乡情寄寓于具体的物象之中，由此表达抽象情感。译者在翻译过程中将江上清风的意境投射到译文空间，将自己所理解的睹景思乡等"前理解"的知识也有选择性地投射到译文空间，此过程中译者进行配置（composition），与自身长期的文化熏陶进行信息匹配（completion），营造出译入语的意境；并根据多种译文可能性体现其扩展（elaboration）的多维性，表达其文化联想与情愫，从而形成心中的意象并在译入语进行相应表达，这一翻译的认知过程与传统王充《论衡·乱龙篇》的"立意于象"有着异曲同工之意。这一翻译过程中文化信息对译文的影响重大，要求译者在有扎实语言基本功基础上具有原语与译语的文化知识，如此方能灵活处理文化信息。由以上分析可知，Fauconnier的心理空间理论作为一种基本的认知原则，是我们思维和表达的基本模式，该理论对古诗词西班牙语翻译研究所提供的认知视角还有待学人进一步探究。

参考文献

[1] Fauconnier Gilles. 心理空间/自然语言意义建构面面观/西方语言学与应用语言学视野[M]. 世界图书出版公司, 剑桥大学出版社, 2008.

[2] 郭杰. 睹新春之景 咏乡思之情——读王湾的《次北固山下》[J]. 名作欣赏, 2001 (01): 105-107.

[3] 罗莉. 浅谈文化差异对英汉翻译中词义的影响[J]. 湖北经济学院学报（人文社会科学版）, 2013, 10 (03): 125-126.

[4] 孙亚. 心理空间理论与翻译[J]. 上海科技翻译, 2001 (04): 12-14.

[5] 汪少华. 合成空间理论对隐喻的阐释力[J]. 外国语（上海外国语大学学报）, 2001 (03): 37-43.

[6] 汪少华. 诗歌中视角空间的美学功能[J]. 外语教学, 2002 (02): 33-37.

[7] 王斌. 概念整合与翻译[J]. 中国翻译, 2001 (03): 17-20.

[8] 王天越. 古诗词中文化意象的"不可译"现象——兼谈文化意象的解读与审美[J]. 同济大学学报（社会科学版）, 2001 (04): 72-76.

[9] 王文斌. 概念合成理论研究与应用的回顾与思考[J]. 外语研究, 2004 (01): 6-12.

[10] 余渭深, 董平荣. 合成空间与中国古典诗词意象[J]. 外语与外语教学, 2003 (03): 4-6.

[11] 袁正勇. 解读《次北固山下》[J]. 三峡大学学报（人文社会科学版）, 2010, 32 (S2): 409-410.

[12] 张荣兴. 心理空间理论与《庄子》"用"的隐喻[J]. Language and Linguistics, 2012 (01): 999-1027.

第三部分 03
德语语言与文化

"以学生为中心"教学理念在《德语笔译》教学中的应用：模式、方法和内容

陈洋洋①

在学校"应用型人才"培养定位下，外语教学越来越注重培养学生的创新意识和语言技能。翻译能力是"应用型""复合型"外语人才最重要的实践技能之一。但是，传统笔译教学存在诸多问题，必须进行改革和创新。为此，翻译教学界对笔译教学模式进行了越来越深入的探讨，提出了很多教学模式设想，其中以过程为导向的"以学生为中心的交互式模式"成为主流教学思想之一。经过在实际教学中的不断探索和尝试，本文将结合具体的教学操作，在阐述"以学生为中心"概念的基础上，以德语笔译教学设计为例，探讨应用"以学生为中心"理念的笔译教学模式的内容和方法，呈现这种全新的教学理念在教学各个环节中的实现过程。

一、《德语笔译》课面临的矛盾与问题

众所周知，翻译课要以培养翻译能力，即翻译技能和翻译技巧为目标。所以在翻译学习过程中，获取翻译技能是第一步，然后"水到渠成"升华为翻译技巧。这个过程不应是知识的学习，而应是技巧和技能的学习；技能和技巧的提升是过程性的，必须通过实践和练习才能达到。通过大量的翻译实践和练习，积累了足够多的翻译经验，才能从中归纳和总结出翻译规律和技巧。所以，翻译课不是教师传授翻译技巧的课，而是进行翻译练习和反复操

---

① 陈洋洋：男，吉林外国语大学，讲师；研究方向：翻译学、跨文化。

练的课。每次翻译实践都是学生总结经验的过程，即"练"和"反思"的过程，学习翻译就是学习如何去"练"和如何归纳和总结。基于上述现实情况，授课教师在安排和设计《德语笔译》课时面临如下矛盾与问题：

现阶段翻译课普遍采用传统的"以教师为中心"的授课模式，即教师布置翻译任务、教师批阅学生译文、教师提供"参考译文"的教学模式。在这种模式中，翻译课堂以授课教师讲授为主，学生被动地记录教师提供的"参考译文"。一方面，教师有限的精力能够完成的翻译作业批阅量是有限的。穆雷在《中国翻译教学研究》中如此描述这一矛盾："翻译教师大都坚持自己批改学生每次的译作，来保证翻译教学效果 …… 可以说每一名翻译教师都在超负荷工作"（穆雷，1999）。如果仅仅增加翻译作业的数量，授课教师不作批阅，这种盲目追求训练量而缺乏监督的学生翻译实践，翻译效果难以保证。另一方面，由于授课时长的限制，上课老师对学生翻译作业的点评和讲解不可能面面俱到。所以，这种教学模式能够实现的实践训练量是非常有限的。而真正意义上的翻译能力的培养，对翻译实践的数量有着很高的要求。

刘宓庆在《翻译教学：实务与理论》中根据经验认为："技能指标的达成，起码应该具有3万字（外译中2万，中译外1万）的实务经验；技巧指标的达成，起码应该具有10至15万字（外译中8至10万，中译外5至8万字）"（刘宓庆，2003）。根据2015年人才培养方案，《德语笔译》共开设两学期，其中四年级上学期6周（12学时），四年级下学期18周（36学时），共计24周（48学时）。这样一来我们可以计算出学生每周笔译实践的需求：初级阶段技能指标需求约为1200字；进阶阶段技巧指标需求约为4200～6200字。这一庞大的翻译训练量仅仅依靠教师在翻译课堂上讲解是不可能实现的。

除此之外，"以教师为中心"的传统翻译教学模式，以结果为导向，注重学生译作的点评，很少注重培养学生的翻译意识和自主实践能力。在这种教学模式下，老师根据参考译文点评学生的译文，指出并改正学生的错误，借助几个例句讲解翻译技巧，整个过程以纠错为主，很少去发现和评介有亮点的译文。林克难是这样评价这一过程的："改错作为教学手段，将教师提供的参考译文作为翻译课的终极目标，不符合真实情况下翻译的本质特点，在一定程度上扼杀了学生学习翻译的主动性和创造性"。这种单一机械的课堂形式,教师唱独角戏,学生始终处于"跟着学"的状态,训练的效果不尽如人意,盲目加大训练量反而更会使学生觉得枯燥无味,对翻译产生不了兴趣和动力,对于练习的积极性不高。在这种情况下,学生无法积极进行翻译训练和学习,"自觉学习"和"自主学习"习惯的养成也就无从谈起了。

二、"以学生为中心"的翻译教学模式探究

(一)关于"以学生为中心"翻译教学理念

"以学生为中心的"教学理念,提倡教师进行启发式教学,鼓励学生进行个性化学习和自主学习。根据上述教学理念,授课教师不再直接地传授知识,而是指导学习者通过查询相关背景资料,自主总结、归纳和获取。它关注的不再是学生的学习结果,而是整个学习的过程,在这个过程中也不能忽视教师的指导作用。学生不再是知识的消极被动接受者,而是知识的积极主动的学习主体;教师不再是知识的灌输者,而是在学生自主学习过程中,对学生进行指导、协助和监督。

以此为基础,人们提出了"以学生为中心"翻译教学理念。这种教学理念关注学生的翻译过程,突出学生在翻译能力培养过程中的主体地位。朱玉彬、许钧提出了以"学生为中心"的笔译教学模式是"以过程为取向的翻译教学"模式,它与传统模式最大的区别是改变了教师讲解输入的模式,而变为教师指导下的学生自主学习模式(朱玉彬,许钧,2010)。

学生在整个翻译学习过程中起主体地位,是"参与者、学习者和合作者";教师在整个教学翻译活动中起主导作用,是"组织者、调节者、推动者、监督者和向导"。在授课教师的关注和帮助下,学生在翻译实践过程中共同讨论,分析、解决所遇到的具体翻译问题,从而完成真实的或模拟的翻译项目。学生从事翻译的过程取代翻译结果,是衡量教学效果的重要因素。

(二)"以学生为中心"翻译教学模式

在课时紧、任务重的前提下,想要满足上述两个阶段学生笔译实践的需求,除了要保证课堂教学实践效果的基础上,还要让学生养成自主翻译学习的习惯和能力,学习状态实现从"跟着学"到"自觉学"再到"自主学"

的转变。本研究根据上述理论和经验，宏观上将"以学生为中心"翻译教学模式设计如下：

教学目的	应用型翻译人才培养过程中学生自主学习翻译能力的培养
教学形式	线下课堂教学翻译实践活动 线上网络教学平台翻译实践活动
教学方法	创建"翻译工作坊"；开展项目式教学和翻译小组讨论；实施翻译训练

如上表所示，"以学生为中心"翻译教学以"翻译练习"为核心，以课堂教学和网络教学平台为依托，以翻译实践项目为导向，以培养应用型人才和学生自主学习能力为目标。

以"翻译练习"为核心目的是通过让学生接触大量各种类型的源语文本并对它们进行实际翻译操作。通过实战演练，让他们充分了解翻译过程和步骤（如分析文本风格、查询背景资料、翻译操作、修订校对译作），掌握翻译策略，提高学生识别翻译问题并恰当运用翻译策略解决翻译问题的能力，提高他们从事独立性或合作性翻译项目或承接翻译任务的能力，让他们领会翻译过程中的语言转换技巧，从而最终习得翻译技能和翻译技巧。

上文已经提到，"传统翻译教学模式"无法提供培养目标所需要的翻译训练量。以学生为中心"翻译教学依托课堂教学和网络教学平台，将线下教学和线上教学结合起来。线下教学要求翻译实践走进课堂，授课教师把真实项目或模拟项目布置给学生。线上教学要求使用网络教学平台实施翻译实践，授课教师把真实项目或模拟项目上传至网络教学平台，供学生练习使用。

线上和线下教学均使用项目式教学方法，以"翻译工作坊"的形式进行小组合作。这种方法可以将静止的翻译练习转变为现实的、动态的翻译项目，增强教学的情境性和真实性，锻炼学生管理、参与项目的能力，进而获得翻译经验，发展翻译能力。让学生通过在"翻译中学习翻译""在合作中学习翻译""在讨论中学习翻译"，不断提高学习者的应用翻译能力。在点评、讲解作业中传授翻译专业知识。

三、《德语笔译》"以学生为中心"线上与线下翻译教学过程设计与实施

根据"以学生为中心"翻译教学理念和模式的研究，结合笔译课堂教学的实际情况，微观上来说，《德语笔译》教学过程共分为线下课堂教学实施和线上网络教学平台翻译实践活动实施。

（一）线下课堂教学的实施过程

上文已经提到，以教师为中心，学生处于被动地位，对翻译练习缺乏兴趣，学习效率低下，事倍功半。因此，"以学生为中心"课堂教学把课堂变成翻译练习的平台，用讨论式和互动式的教学替代上述传统的以教师为中心、以译作为取向的教学模式。线下课堂教学主要引导学生完成"跟着学"和"自觉学"翻译学习阶段。为了实现这一目标，在线下课堂教学中顺利实施翻译实践，创建"翻译工作坊"和"项目式教学"是关键。

创建"翻译工作坊"是为了激发学生进行翻译实践的兴趣，充分体现学生的主人翁意识，体现学生的合作学习，使学生在实践中提高运用翻译技能来解决实际翻译问题的能力，从而使翻译教学从传统的"教师为中心"转型为"学生为中心"（肖红，2005）。教师指导学生根据班级具体学生人数进行分组，成立若干个"翻译工作坊"，即翻译小团队，每个团队包括4~6名学生。另外教师可以鼓励学生发挥自己的主观能动性，积极为自己的"翻译工作坊"命名。以英德1203班为例，该班级共有学生25人，共成立6个"翻译工作坊"，其中包括"别具译格"翻译工作坊、"心译四人行"翻译工作坊等优秀翻译团队。学生根据翻译要求在教师的帮助下自行分组协作，相互配合，共同解决现实翻译中实际遇到的问题。这种模式可以加强学生的沟通协调、团队合作等能力，有助于团队成员之间擦出思想的火花，可以让他们感受到译者被赋予的任务、使命和责任。

"项目式教学"的实施需要授课教师根据教学大纲和教学目标的要求，结合学生的水平及学校的实际情况，指定翻译项目。项目可以是承接的校外真实项目，也可以是校内模拟项目，有条件的情况下以真实校外翻译项目为主。翻译材料应选择应用型较强的文本，尽可能贴近学生未来就业方向。根

据英语专业（英德方向）历届学生的就业情况，《德语笔译》使用的翻译材料以科技文本及产品说明书、商务信函、合同、邀请函等实用文本为主。

授课教师提前1周将翻译项目发给各小组，并说明完成的时间和要求。翻译小团队根据翻译项目分别进行各自的翻译，在承担翻译任务的过程中，翻译小组成员共同分析和解决问题，自我评判翻译表现，不断润色翻译稿件。翻译稿件完成后由团队负责人发送教师邮箱供批阅。教师在要求学生提交翻译作业的同时提交翻译心得体会。翻译心得要求全程写出翻译过程：研读全文、查阅资料、翻译、修改、定稿；翻译过程中思考出的"亮点"、遇到的困难、问题；体会与心得等。翻译团队的翻译成绩最终由教师根据译文和翻译心得体会的质量评定。

在课堂教学中，教师指定翻译小团队在课堂上借用多媒体教学设备进行翻译成果展示，其他同学可以随时打断，进行译文对比和讨论。教师根据项目成果展示及课上讨论情况进行总结，各个翻译小团队对自己的译文进行修改、进行完善。关注翻译过程中的各个步骤，重视翻译过程中的错误分析，重视译文的不断修订与完善，强调学习过程为"学习＝经验＋反思"，通过这些反思，训练学生的分析、评价和综合应用能力。该模式充分发挥学生潜能，培养他们的自信心、自主性和独立性，同时注意译者责任意识。

教师的作用并不是直接点评、纠正错误并提供"标准译文"，而是引导学生把注意力集中在文本的某个特点，如科技文本或其他实用文本，或中德英三种语言在词汇、句子和语篇方面的某点异同上，同时在讨论过程中适时地向学生传授翻译的技能和理念。换言之，教师起的是组织者和引导者的作用，为学生提供的是"工具"而不是结果，授给学生的是"渔"，而不是鱼。

（二）线上利用网络教学平台进行翻译实践的实施过程

在学生"跟着学"和"自觉学"的基础上，利用网络教学平台，进一步激发学生的兴趣，让学生在课堂教学之外养成"自主学习"的习惯。在自主学习过程中，网络教学平台作为学生的一个讨论平台，为学生提供课外练习，供学生个人和翻译小团队进一步进行翻译实践练习和互动，发表自己对译文的看法，并随时可以向老师留言咨询，继续保证教师和同学之间的互动。为了实现上述目标，《德语笔译》网络教学平台需要构建成为"翻译教学资源平台"和"翻译教学互动平台"。

"翻译教学资源平台"主要是上传翻译学习材料和实践训练资料,为在线翻译教学和学生翻译实践提供充足的信息和资料,以保证学生翻译实践训练量,弥补课时不足所导致课上实践训练量不足的问题。基于这几年的翻译教学经验,翻译教学资源平台的构成模块有:"课程信息"模块、"翻译理论、技巧和工具"模块、"翻译语料库"模块、"佳作赏析"模块。

"课程信息"模块是让学生了解《德语笔译》课课程相关信息,加强翻译教学的目的性;主要包括教学目标、课程要求、课程进度、翻译工作坊情况介绍、翻译练习评分标准、各翻译小团队翻译成绩等内容。

"翻译理论、技巧和工具"模块是教师针对课堂教学实践为学生提供前期背景知识。举例说明:学生在课堂教学中进行"词义获取"模块的翻译实践训练之前,需在登录网络教学平台,在翻译辅助工具栏目中提前学习教师提供的各类字典、在线电子字典、翻译辅助软件 Trados 以及其他工具书的相关信息,为课堂教学做好充足的准备。

"翻译语料库"模块是对课堂翻译实践进行补充和完善。教师根据课堂教学进度在该模块中为学生翻译实践提供丰富的各类文本翻译材料和德、英、中对照阅读材料。材料选择以应用型文本材料为主,旨在强化对学生翻译意识的培养,从而提高翻译水平。

"佳作赏析"模块是教师为学生提供名家译作和学生佳译,以拓展学生视野、培养学生审美情趣和水平,进一步激发学生对翻译学习与研究的热情。

"翻译教学互动平台"是为教师和学生以及学生和学生之间的实时以及必要的非实时后续讨论提供互动空间。学生个人在完成线下和线上翻译实践训练过程中,可以将翻译过程中遇到的困难、问题,翻译过程中体会与心得发布论坛,其他学生直接跟帖回复,展开交流、发表评论。教师可以将平台资源的使用、翻译实践材料的具体要求发布在讨论版块,也可以全程参与学生的讨论活动。

总而言之,《德语笔译》课"以学生为中心"在线上、线下翻译教学的实施过程中,教师和学生所扮演的角色与传统翻译教学模式有很大的不同。教师的主导作用体现在:1)结合学生翻译实践作品,分析典型的翻译案例;

135

2）结合翻译案例，为学生在课堂上讲解翻译理论和技巧；3）组织引导学生的课堂讨论；4）指导学生开展基于网络平台的翻译实践。学生的主体作用体现在：1）学生是课堂教学的参与者、课堂讨论的实施者、翻译技巧的实践者；2）学生是翻译平台项目和案例的实践者；3）学生是翻译资源库的创建者和受益者。

四、结语

本文结合《德语笔译》课的教学经验，阐述了"以学生为中心"教学理念在翻译教学中的应用，探讨了翻译教学实施过程中线上和线下的教学内容。在该教学模式下，学生在线上和线下翻译实践训练过程中进行的讨论和互动中经常会有翻译亮点，他们的自主学习能力在许多方面超出教师的想象。以学生为中心，注重翻译过程的教学模式，努力把课堂教学和网络教学平台的使用结合起来，实现"翻译教学"到"翻译实践"的转变，也许是翻译教学改革的一个趋势，希望以后能在《德语笔译》课程建设的过程中继续探索和完善线上和线下教学设计，真正实现应用型、复合型外语人才的培养。

参考文献

[1] 贺莹. 网络论坛与笔译实践教学研究 [J]. 中国翻译, 2007, (6): 29-32.

[2] 穆雷. 中国翻译教学研究 [M]. 上海：上海外语教育出版社, 1999.

[3] 林克难. 翻译教学在国外 [J]. 中国翻译, 2000, (2): 56-59.

[4] 刘宓庆. 翻译教学：实务与理论 [M]. 北京：中国对外翻译出版公司, 2003.

[5] 肖红. "翻译作坊"在翻译教学中的运用 [J]. 四川外语学院学报, 2005, (1): 139-142.

[6] 朱玉彬, 许钧. 关注过程：现代翻译教学的自然转向——以过程为取向的翻译教学的理论探索及教学法意义 [J]. 外语教学理论与实践, 2010, (1): 84-88.

基于SPOC的基础德语线上线下混合式教学改革实践：模式、方法、内容和效果

陈洋洋①

在建设中国"金课"、形成"中国特色、世界水平的一流本科课程体系"的背景下，按照"两性一度"的要求，外语教学必须改变传统"外语知识输入式"的课堂教学模式，打破学生被动式的低效学习环境，践行以学生为中心理念，教与学活动以学生为主体，教师发挥主导作用，注重培养学生的自学能力和语言实践能力，形成自发式的高效、深度学习的环境。

随着"互联网+"时代网络媒体技术的发展，线上线下混合式教学理念越来越受到国内外专家学者的关注。近年来，国内外语教育界，尤其是英语教学界围绕混合式教学开展了很多研究与实践，这些研究一致认为，混合式教学模式整合了各种教学方式的学习范式，实施了个性化的教学方法，实现了多层次的实践教学。基于上述研究，外语课程应用"线上和线下"相结合的混合式教学模式成为可能。本文将以《基础德语》课程为例，探讨混合式教学模式在德语教学中的实践。

一、《基础德语》线上线下混合式教学模式探究

（一）关于混合式教学理念

国外在混合式教学领域的研究起步较早，20世纪90年代末，在建构主义的基础上，发展了丰富的混合式教学理论，其中包括交互理论、连接主

---

① 陈洋洋：男，吉林外国语大学，讲师；研究方向：翻译学、跨文化。

义、共同体、精加工理论、转化学习理论等。波尼姆·魏利森提出了技能驱动型模式、态度驱动型模式和能力驱动型模式。技能驱动型模式指学生自主学习的基础上，教师给予在线指导，学生之间、师生之间通过信息技术实现交互；态度驱动型模式指面授学习与在线学习相结合；能力驱动型模式指以互联网为媒介，师生共同探究生成对知识的理解。此外美国两名学者雷格·巴勒与姆威廉·帕尔曼则提出了四阶段混合教学模式，包括：基于网络的传输、面对面学习、解决方案、协作延伸学习。还有布莱恩·贝迪提出的 Hy-Flex 模式，其模式的特点是在整个课程的学习中，同时提供在线学习和课堂面对面学习的机会，是在课上学习还是在网上学习则由学生来选择。

2003 年，祝智庭教授和何克抗教授首次将混合式教学概念引入中国。他们积极倡导将混合式教学引入课程教学中。2004 年，李克东教授完成了《混合学习——信息技术与课程整合的有效途径》的报告，创造性地提出了混合式教学的 8 个步骤，对混合式教学进行了深层次的论述。黄荣怀教授则提出了混合式学习课程设计框架，即"前端分析""活动与资源设计"和"教学评价设计"三个阶段（黄荣怀等，2009）。十几年来，我国的教育研究者在混合式学习理论研究和教学实践应用研究两方面均进行了不懈的探索，并形成了众多的研究成果。

（二）基于 SPOC 的基础德语线上线下混合式教学模式

1. 关于基础德语课程

如下图所示，本课程作为基础阶段课程，以培养学生的语言交际能力为中心，围绕语言知识和语言技能，进行全面的训练。学生通过该阶段的学习，旨在掌握德语的基础语法知识和词汇知识，打好德语语言基本功；习得一定的听、说、读、写等基本语言技能和初步的语言交际能力，使学生输出性技能有质的飞跃；了解有关德国的一般国情，进一步充实语言知识和有关德语国家的文化知识。

本课程的目标包括以下三个方面：

（1）语言水平目标：欧标 A2 水平；通过德语四级；

（2）语言知识目标：重点：词汇量达到 2500～3000；掌握 A1 - A2 语法知识点；掌握德语国家的基本文化知识；难点：准确性；

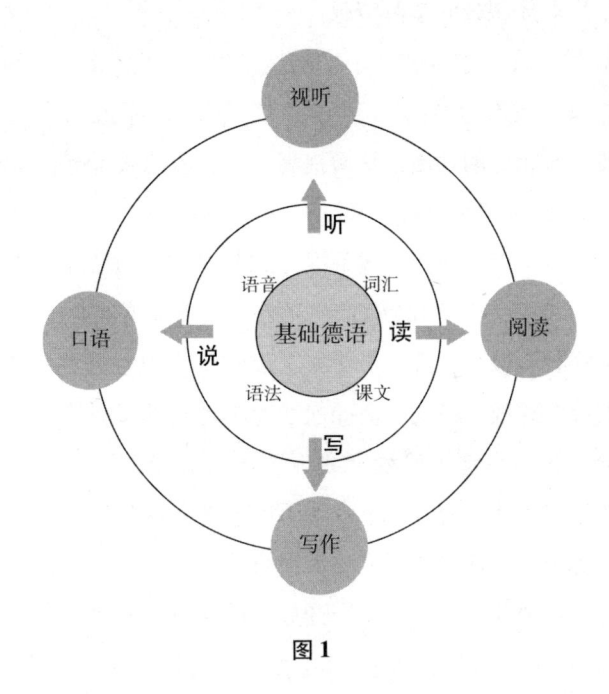

[图示：基础德语（语音、词汇、语法、课文）通过听、说、读、写对应视听、口语、阅读、写作]

图 1

(3) 言语技能目标：重点：有效培养学生的德语交际能力，听懂、读懂 A2 水平的材料；针对日常生活话题，能够进行有效输出（说和写）；具备基本的中德跨文化交际能力。难点：流畅性和得体性。

2. 混合式教学改革要解决的重点问题

为了适应时代的发展，本课程开展混合式教学改革的目的包括以下几个方面：

(1) 实施教学改革过程中，着力解决"学生学什么"的问题，努力实现"四个化"，即语言知识模块化、学习活动任务化、教学活动项目化、语言训练技能化。一方面把外语基础知识的输入放在线上，更加有效的利用线下课堂"45分钟"进行语言技能训练；另一方面将语言技能训练延伸到课后，打造学生自主训练平台。

(2) 实施教学改革过程中，着力解决"学生怎么学"的问题，教师对学生线上线下学习各个环节进行全面指导和跟踪。针对课前和课后学习，教师为学生提供详细的学习指南，从而让学生学有所依，形成较强的自主学习能力；针对课中学习，教师撰写详细的教学指南，提高学生课堂学习的参与度，从而让学生形成积极的学习情感。

（3）实施教学改革过程中，着力解决"学生学了什么"的问题，所有教与学的环节均以"成果为导向"，对学生学习效果进行全面跟踪，线上线下的输入，均要求有相应的输出，从而提高学生学习的获得感和成就感。

3. 基础德语线上线下混合式教学模式

如图2所示，本课程在线上线下混合式教学实施过程中，根据小语种精读课的特点，构建了"基于SPOC的基础德语线上线下混合式教学模式"。

本次混合式教学改革，进一步落实了以学生为中心的教学理念，进一步创新了目前的混合式教学模式，由课前线上学习和课堂讨论学习转变为"线上线下"混合式第一课堂＋"线上线下"混合式第二课堂教学模式，将课前、课中和课后三个环节通过线上线下手段紧密联系在一起。

各部分的各个环节均采取线上线下混合式教学，将学生自主学习时间最大化；各部分的各个环节构成了一个开放性的生态学习圈：自主学习、互动教学和自主练习紧密关联，构成一个小循环；课前、课中、课后紧密关联，构成一个大循环。各部分的各个环节均有明确的学习方向和目标，让学生学有所依，学有所成。

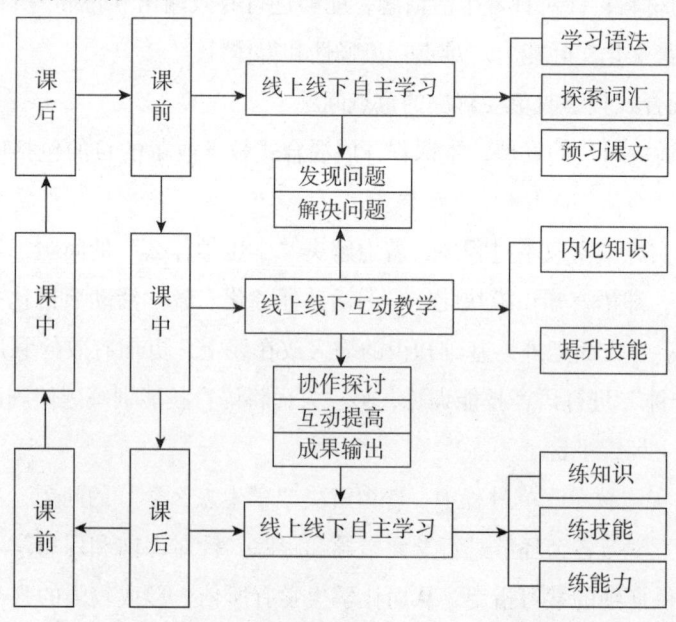

图2 基于SPOC的基础德语线上线下混合式教学模式

目前常用的线上教学平台包括：学校网络教学平台、蓝墨云班课、"雨课堂"和"学习通"4个教学平台。为了实施上述混合式教学模式，实践证明学习通平台功能齐全，适合构建多维立体化线上教学资源；"雨课堂"平台与微信、PPT紧密结合，适合线下面授时组织课堂活动。基于上述原因，本课程实施线上线下混合式教学时，一方面使用学习通平台，构建多维立体化线上教学资源，用于线上学习和练习；另一方面使用"雨课堂"平台，打造智慧课堂，用于线下面授学习和练习。

二、基础德语线上线下混合式教学过程设计与实施

（一）课前阶段：线上线下自主学习

本阶段包括语法学习、词汇学习和课文学习三个模块，围绕三个模块的学习，构建了基础德语多维立体化线上学习资源，编写了《基础德语线上学习指南和语言知识训练》，具体课程内容与资源建设及应用情况，如表1所示：

表1　基础德语线上学习指南和语言知识训练具体课程内容与资源建设及应用情况

	语法学习	词汇学习	课文学习
资源建设	（1）系列微课《Herr Chen讲语法》；（2）基础德语语法框架图示&思维导图；（3）德语基础语法过关测试练习。	（1）系列微课《Herr Chen讲单词》；（2）基础德语核心词汇手册&思维导图 A1 - A2；（3）德语核心词汇过关测试练习。	（1）系列微课《Herr Chen讲课文》；（2）基础德语课文教学参考书。
资源应用	（1）线上观看教学微课，学习语法知识点，演绎归纳语法规律，形成语法知识体系；（2）线下完成语法框架图示的编写；线上完成自测；（3）线下撰写学习体会，记录问题和错题。	（1）查找资料，收集相关词域词汇，形成初步的词汇语料库；（2）制作词汇手册，绘制思维导图。	（1）完成单词预习；（2）完成课文预习；（3）完成线上预习效果自测。

三个模块课程教学内容及组织实施情况，如表2所示：

表2 三个模块课程教学内容及组织实施情况

	语法学习	词汇学习	课文学习
学习目标	掌握语法知识点	掌握词汇知识点	了解课文语言点和基本内容
学习形式	(1) 线上学习+线下总结；(2) 线上自测+线下笔记	(1) 线下收集+线上学习；(2) 线上自测+线下笔记	线下预习和笔记+线上自测
学习要求、内容和步骤	(1) 观看教学微课、完成自测练习；(2) 编写语法框架图示和思维导图；(3) 记录问题和错题。	(1) 观看微课、完成自测练习；(2) 查找资料、收集词汇；(3) 编写词汇库和思维导图。	(1) 预习单词和课文；(2) 完成自测练习；(3) 记录问题和错题。
学习成果	学习笔记	学习笔记	学习笔记

（二）课中阶段：线上线下互动教学

本阶段包括语言知识训练和语言技能训练两个模块，教师根据学生课前学习和课后练习情况，引导学生活学活用，在任务和项目中应用语言，展示所学和所练并发现问题。围绕两个模块的学习，构建了基础德语线下训练资源，编写了《基础德语线下学习指南 & 语言技能训练》，具体课程内容与资源建设及应用情况，如表3所示：

表3

	语言知识训练	语言技能训练
资源建设	(1) 德语基础语法课堂小测练习；(2) 德语核心词汇课堂小测练习。	(1) 德语听、说、读、写技能训练项目。
资源应用	(1) 解惑答疑；(2) 活学活用，模仿操练；(3) 归纳总结，知识升华；(4) 课堂小测。	(1) 提供语言实践任务和项目，创设交流情境，展现所学所练。

两个模块课程教学内容及组织实施情况，如表4所示：

表 4

	语言知识教学	语言技能教学
教学目标	巩固、内化知识	听、说、读、写技能训练
教学形式	（1）教师展示＋师生互动；（2）学生讨论＋生生互动	（1）教师展示＋师生互动；（2）学生讨论＋生生互动
教学内容	（1）解惑答疑；（2）活学活用＋模仿操练；（3）归纳总结＋知识升华；（4）课堂小测	（1）语言实践任务和项目；（2）创设交际情景＋开展语言交际；（3）展示所学所练成果

"线下"情景式外语交际能力训练"以学生为中心"，通过一系列趣味性强的教学活动激发学生应用所学语言知识解决实际问题。教师根据每个单元的主题和内容设置丰富有趣而又真实有效的交际场景，让学生使用德语进行实践。教师只起到引导作用，围绕德语交际典型场合，利用双人对话、角色扮演、小组讨论、个人报告、知识竞赛等方式为学生创造宽广的语言应用平台。教师设定的任务一般要有一定的难度和复杂性，又要考虑学生的经验和认知水平，使所有班级同学都能"有话可说"。

（三）课后阶段：线上线下自主练习

本阶段为第一课堂的延伸，进一步温故知新和开展语言训练，具体课程内容与资源建设及应用情况，如表 5 所示：

表 5

资源建设	（1）德语基础语法课后强化练习；（2）基础德语核心词汇课后强化练习；（3）基础德语语言技能课后强化练习。
资源应用	按时完成线上各知识模块的强化练习，积极参与线下语言训练项目。（1）针对语言基本功和语言技能设置常"练"德语、常"说"德语、常"听"德语、常"读"德语和常"写"德语五个模块；（2）针对学生素质提升，设置素质拓展模块；（3）训练成果展示和汇报。

四、基于混合式教学的"线上线下"过程性评价设计

根据线上和线下的学习特点,构建了混合式教学的"线上线下"过程性评价,突出过程性评价和学习成果导向评价,具体内容如图3所示:

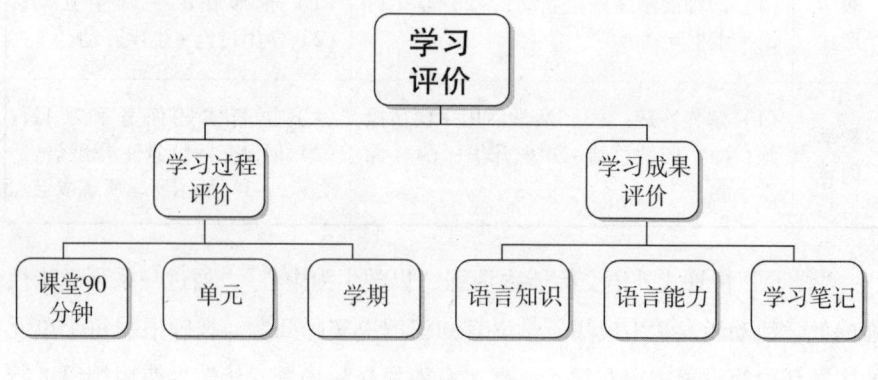

```
                    学习评价
                   /        \
            学习过程评价    学习成果评价
           /    |    \      /    |    \
       课堂90  单元  学期  语言  语言  学习笔记
       分钟                知识  能力
```

图3

平时成绩突出过程性评价,对学生线上和线下学习过程和效果均进行考核,包括线上和线下学习状态、线上和线下作业的完成情况、线上和线下测试成绩等。具体赋分模块和比例如下:

表6

学习过程评价	学习成果评价						加分项目
	语言知识		语言能力			笔记	
赋分项	学习表现	作业	测试	口语任务	听力任务	阅读任务	笔记	拓展任务
比例	30%	20%	20%	10%	10%	5%	5%	详见说明

说明:加分项目主要包括以下内容,竞赛获奖、专题报告、大学生科研项目、发表论文、语言提升训练营(针对学有余力的学生)和语言基本功训练营(针对基础较差的学生)。

五、基础德语线上线下混合式教学改革成效

《基础德语Ⅱ–Ⅲ》线上线下混合式教学改革自2017年起开始研究推

进,并于 2018 年正式实施,实施的对象为英语(英德双语)2016 级、2017 级和 2018 级的学生。实施过程中通过学生撰写的《单元学习反思》和课程问卷调查,充分了解了学生在教学改革中对上述教学模式的认可度以及学习效果。

1. 通过对学生反馈报告结果的梳理,大部分学生均表示学习效果有了显著的提升,表现在:(1)学习目标和学习任务明确,好多内容不用刻意记忆就能掌握;(2)有了很多展示的机会,有较强的学习愉悦感和收获感,学习内驱力有了明显提升。

2. 通过问卷星,开展了《基于 SPOC 的基础德语线上线下混合式教学效果的调查》。具体结果如下:

(1)对混合式教学的接受度和体验感

图 4 学生喜欢的教学模式

（饼图：传统灌输式 17.11；线上线下混合式 82.89）

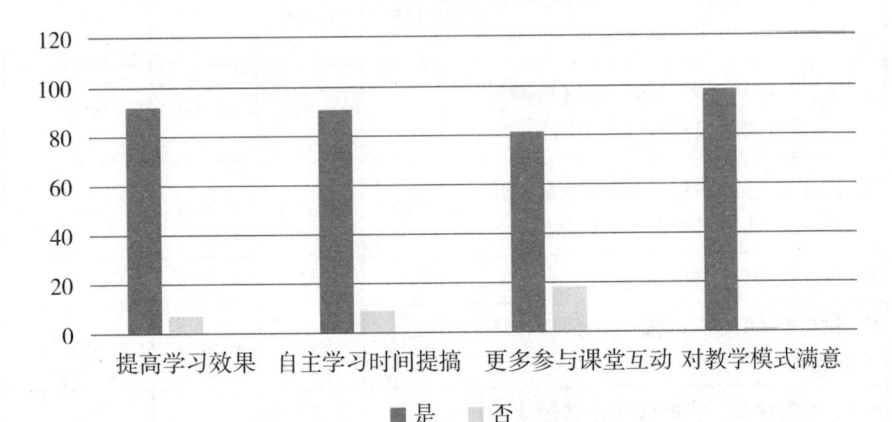

图 5 学生学习体验

（柱状图：提高学习效果、自主学习时间提搞、更多参与课堂互动、对教学模式满意；是/否）

(2) 学生课中学习行为和效果分析

表7

	非常同意	同意	不同意	非常不同意
1. 我很喜欢教师的面授，因为面授时我收获很大。	59.21%	39.47%	1.32%	0%
2. 课堂面授有效解决了我课前自主学习中遇到的问题，对提升我的语言水平很有帮助。	56.58%	40.79%	2.65%	0%
3. 课堂上各项活动对提升我的语言水平很有帮助。	48.68%	47.37%	3.95%	0%
4. 课堂中设置的训练项目和任务，我有兴趣，能够积极发言，提升自己的语言水平。	43.42%	51.32%	5.26%	0%
5. 由于自主学习质量的提高，我的课堂学习效果更好。	43.42%	51.32%	5.26%	0%

(3) 学生课前、课后学习行为和效果分析

表8

	非常同意	同意	不同意	非常不同意
1. 我喜欢课前预习、学习的各项活动，对我的知识学习帮助很大。	39.47%	57.89%	2.63%	0%
2. 我喜欢课后练习环节，通过巩固提升，对我的语言提升有很大帮助。	51.32%	44.74%	3.95%	0%
3. 雨课堂上的练习对我更好地掌握知识点和提高语言水平有很大的帮助。	47.37%	51.32%	1.32%	0%
4. 我会在课外详细的记录笔记。	42.11%	51.32%	6.58%	0%
5. 我会很认真的完成课前、课后各环节的练习。	43.42%	50%	6.58%	0%
6. 通过雨课堂，我能够基本掌握教学内容。	51.32%	46.05%	2.63%	0%
7. 我会按照要求完成课前自主学习。	39.47%	55.26%	5.26%	0%

目前来看，统计数据显示，实施对象学生对混合式教学模式的认可度较高，学习效果较好，能够通过线上线下学习实现深度学习和深度掌握。

六、结语

混合式教学模式下的外语教学以学生为中心，注重学生自主学习能力和外语交际能力的培养，努力把课堂教学和线上学习有机结合起来，也许是外语教学改革的一个必然趋势。

参考文献

［1］陈洋洋. 基于网络教学平台的混合式教学模式在德语教学中的应用［J］. 时代教育，2018（6）：141.

［2］黄荣怀，马丁. 基于混合式学习的课程设计理论［J］. 电化教育研究，2009（1）：9-14.

［3］乔纳森·伯格曼，亚伦·萨姆斯. 翻转课堂与混合式教学［M］. 北京：中国青年出版社，2018.

浅析会议口译员应具备的能力

张晓琳①

近年来，各领域的国际合作越来越密切，不同形式的国际会议也越来越多。由于会议参与者来自不同的国家，使用不同的语言，且有着不同的文化和社会背景，他们之间的交流与沟通在很大程度上依赖于会议口译员。可以毫不夸张地说，会议口译员不仅仅是语言的桥梁，更是文化、专业知识和情感的桥梁，是交流能够顺利进行的重要因素。高质量的口译不仅要准确、完整地传达讲话者所讲的内容及其背后的意图，也要符合受众的语言和文化习惯，还要符合相关专业领域的语言习惯。如此高的要求对于会议口译员来说一方面意味着要具备相应的能力，另一方面要认真对待每一个翻译任务，充分发挥相应的能力，保证翻译质量。但是目前，口译服务市场较为混乱，为数不少的会议口译服务需求方认为只要会说外语就能进行口译，哪怕是专业领域的口译。而会议口译服务的提供方也就是会议口译员的质量也是参差不齐，其中很多人对于自己需要具备哪些能力更是不够了解。

于 2017 年 3 月生效的德国工业标准 DIN2347 是德国第一个专门针对会议口译提出的国家级标准，其中详细列出了会议口译员应该具备的各项能力，具有很高的参考价值。与此同时，很多译员和学者也对会议口译员应具备的能力进行了分析、描述。笔者结合上述文献以及自身在慕尼黑应用语言大学硕士阶段会议口译专业学习的亲身体会，对会议口译员应具备的能力进行了归纳、总结，并针对完成会议口译任务所需要的不同阶段以及总体要求将其

---

① 张晓琳：女，吉林外国语大学，副教授；研究方向：汉德双向口译教学与实践，中德跨文化研究，德语教学法。

分为三类：在口译过程中应具备的能力、在口译准备和总结阶段应具备的能力以及其他能力。

一、在口译过程中应具备的能力

这一类能力直接影响会议口译员的翻译过程和翻译质量。其中包括：

1. 语言能力

根据德国工业标准 DIN2347，会议口译员应该至少掌握 3 门语言，其中母语或者一门相当于母语水平的语言作为 A 语言，一门精通的外语作为 B 语言，还有另外一门外语作为 C 语言。会议口译员必须能够在 A、B 两种语言之间进行双向翻译，且能够从 C 语言译入 A 语言。德国各在硕士阶段开设会议口译方向的高校在学生入学选拔考试中已经对语言能力提出了明确的要求：即 A 语言为母语或达到母语水平，B 语言达到欧洲共同语言参考标准中的 C2 等级（最高等级），C 语言达到欧洲共同语言参考标准中的 C1 等级。

2. 翻译能力

会议口译员需要在口译过程中提取源语中的重要信息，并且考虑交际场景、讲者意图以及文化差异等因素，将其用适当的目的语表达出来。达到这一点，会议口译员需要首先掌握翻译理论，并且具备听力分析、记忆管理、听说协调、识别复杂文章结构的能力。此外，相应的口译策略、交传笔记技巧、声音高低、语速快慢等都需要掌握。

3. 跨文化能力

这里跨文化交际能力包括两方面的含义：一方面，会议口译员必须熟悉其工作语言（A、B、C 语言）所属语言及文化区的表达和行为习惯，能够正确理解工作语言文化中所特有的思维方式、表达方式和情感等；另一方面，会议口译员要在对文化了解的基础上，将源语的内容和思想用符合受众文化特点的目的语表达出来，以此促成来自不同文化的人们之间的交流与沟通。

4. 交际能力

因为会议口译是在一个具体的交际情境下进行的，所以会议口译员也需要参与到交际过程中来。这就要求会议口译员要掌握其工作语言（A、B、C 语言）的交际结构与模式、不同风格的表达习惯、语法以及修辞规则等。在信息接收阶段会议口译员要能够较好地理解源文并正确分析讲者的意图；在信息传递阶段，会议口译员应该保证其翻译符合交际目的、受众语言习惯以及具体交际场景。

5. 专业能力

会议口译员多为不同领域的专业会议提供口译服务。不同的专业领域拥有不同的原理、逻辑、工作方式、术语和语言习惯。在翻译专业会议时，影响理解的往往不是语言，而是专业知识。很多时候，如果没有专业知识作为支撑，即便听懂了源语中每个词的意思，可能都不能理解其真正的意思。与此同时，如果会议口译员在目的语表达中选择的词汇与相关专业领域的术语及表达习惯相去甚远，会对受众的理解造成一定的影响。因此会议口译员要对每次口译任务所涉及的专业领域中的基础知识、基本原理有一定的了解。

6. 常识储备

除了专业知识外，常识对于保证翻译质量也很重要。即便是专业会议上，演讲者很可能首先说一些与会议的时间、地点、主题相关的历史事件、名人名言、著名活动等，以此慢慢引出主题。这些内容其实同后面的内容有着紧密的关联。如果没有理解这部分的内容，这一关联也就没有了，翻译质量就受到了影响，这更有可能影响译员的心态，造成其焦虑、心理压力更大，更加影响翻译质量。因此会议口译员应该广泛涉猎各个领域的常识，例如文学、文化、历史、政治、体育、地理等等。

7. 熟悉口译设备

不同的口译类型需要不同的设备。会议口译员应该充分了解不同的口译类型分别适合什么样的会议，需要什么设备。这样其才能够为客户提供最合理的会场布置建议，并且最大限度保证自己的工作条件。与此同时，会议口译员应该能够熟练操作各口译设备，并且清楚设备出现故障如何应对。

二、在口译准备和总结阶段应具备的能力

这一类能力在准备和总结阶段至关重要。其中包括：

1. 资料查找能力与知识管理

会议口译员要有能力从专业知识和语言两个方面对具体的口译任务进行

有针对性的准备。其需要了解所有资料搜集的渠道和途径，并根据口译任务主题制订相应的资料查找策略，做到快速、高效、有针对性地查找主要资料，以系统地拓宽相关领域专业知识，掌握专业词汇。与此同时，其需要学会使用合适的工具来管理资料和专业词汇，例如掌握适合口译工作的专业术语翻译辅助工具等。准备阶段对于顺利完成口译任务来说至关重要，资料查找和知识管理在一定程度上影响着会议口译员的翻译过程和翻译质量。

2. 保证信息安全

因为会议口译的内容可能会涉及企业、行业机密，因此信息安全是一个很敏感的话题。会议口译员要通过合适的措施确保客户提供的资料、信息和数据的安全，要在翻译准备阶段及翻译过程中妥善保管相关材料，翻译结束后应将材料交还给客户，或按客户指示进行适当处理、销毁。

三、其他能力

此类能力对于会议口译员的口译质量没有直接影响，但是对于其长期职业发展有着深远的影响。其中包括：

1. 社会能力

社会能力主要包括三个方面：社交能力、情感能力及合作能力。社交能力主要指能够正确地分析、估计交际场景，正确理解他人，并根据社会关系适当地对待他人；情感能力主要指有能力察觉和理解他人的情感，并且能够控制自己的情感，合理地处理自己的情感；合作能力主要指能够以开放、真诚的态度对待他人，具备团队合作能力，建立沟通与联系的能力以及合理解决冲突的能力等等。对于会议口译员来说，社会能力一方面帮助他们正确理解讲者的意图，合理地进行翻译；另一方面也能帮助他们同客户、共同完成任务的合作翻译、技术人员等建立和谐、融洽的关系，为保证翻译质量创造有利条件，并扩大会议口译员的人际关系网络。

2. 正确的自我认知

会议口译员要能够客观、正确地评价自己的能力，有一个理性的自我认知。在确认承接翻译任务之前，要问问自己这个翻译任务是否违背自己的良知和底线；自己是否具备高质量完成该翻译任务的能力和知识；自己在给定的准备时间内能够掌握高质量完成该翻译任务所必需的专业知识和专业术语；自己能够战胜这个翻译任务所带来的压力。只有这样才能够避免会议口译员承接远远超过自身能力的翻译任务，对于其长远发展、可持续发展具有重大意义。

3. 职业道德

毫无疑问遵守职业道德也是会议口译员必备的能力之一。国际口译员协会（AIIC）为其成员制定了专门的职业道德标准，其中主要包括保密、尊重、遵守时间、避免主观态度等重点原则。这些职业道德标准值得所有的会议口译员借鉴、遵守。

三、结语

以上三种能力类型对于会议口译员来说不可或缺，它们对于提高翻译质量、促进会议口译员的长期发展有着重要的意义。与此同时，口译服务市场的需求与供给两方面都应该对会议口译员应该具备的能力有所了解，并尽量按照这样的能力标准对口译服务市场进行规范，这样才能够从根本上改变目前相对混乱、不规范的情况，促进会议口译领域的有序发展，提高会议口译员这一职业整体的形象。

参考文献

［1］ DIN - Normenausschuss Terminologie（NAT）：DIN 2347. Berlin：Beuth，2017.

［2］ HANSEN G. Die Rolle der fremdsprachlichen Kompetenz. ［M］// SNELL - HORNBY, M HÖNIG H G, KUßMAUL, P, SCHMITT, P A.（Hrsg.）：Handbuch Translation. 2.. Tübingen. verbesserte Auflage. 1999：341 －343.

［3］ KIPER H, MISCHKE W. Selbstreguliertes Lernen – Kooperation – Soziale Kompetenz：Fachübergreifendes Lernen in der Schule. Stuttgart：Verlag W. Kohlhammer, 2018.

［4］ KUTZ W. Dolmetschkompetenz, Was muss der Dolmetscher wissen und können? [M]. Berlin. Bochum. London; Paris: Europäischer Universitätsverlag, 2010.

[5] PÖCHHACKER, F (2001). Dolmetschen und translatorische Kompetenz. [M]. Kelletat, Andreas F. (Hrsg.). Dolmetschen: Beiträge aus Forschung, Lehre und Praxis. Frankfurt am Main, Berlin, Bern, Bruxelles, New York, Oxford, Wien: Lang, 2001: 19-37.

以语篇能力培养为导向的高级德语课程教学方法研究[①]

张晓琳[②]

自从美国社会语言学家海姆斯（Hymes）的交际能力观被引入外语教学以来，外语教学的主要目标和核心任务便是培养和发展学生运用所学语言有效地进行交际的能力。而在走访我校德语专业毕业生工作单位过程中，企业向我们反馈的用人标准中听说能力强，翻译准确，具备较好的跨文化交际能力这几点都充分体现了运用德语顺利进行交际的重要意义。在美国语言学家卡纳尔（Canal）和斯温（Swain）将交际能力归纳为四个方面：（1）语法能力（Grammatische Kompetenz）；（2）语篇能力（Diskurskompetenz）；（3）社会语言能力（soziolinguistische Kompetenz）；（4）语言策略能力（strategische Kompetenz）。在这四种能力中，语法能力和语篇能力关系到组词成句，构句成篇，它们是语言交际的基础和前提，是外语学习者需要具备的首要能力。在这两种能力中，语法能力侧重句子层面的语法规范，而语篇能力关心的则是语篇层面的句际关系和意义整体。进入本科高年级学习阶段，学生已经基本掌握了重要的德语语法，教学的重点应该更多地倾向于引导学生运用已经学过的语法知识把握篇章整体意义和脉络，理解篇章的交际目的，并根据不同的交际需要生成适当、准确的书面或口头篇章，即培养学生的语篇能力。在此方面，作为高年级精读课，高级德语课程尤其需要加强。

---

① 吉林外国语大学教研项目"以语篇能力培养为导向的'高级德语'课程教学方法研究"阶段性成果。

② 张晓琳：女，吉林外国语大学，副教授。研究方向：汉德双向口译教学与实践，中德跨文化研究，德语教学法。

一、语篇能力的定义

明确语篇能力的定义，首先要了解什么是语篇。唐青叶教授在其《语篇语言学》一书中指出：语篇是人们进行日常交际过程中构建一种不小于小句的语言单位，语篇不是语言形式单位，而是意义单位，语篇表达一个整体意义，具有明显的语篇特征，其主题意义相对完整，结构井然有序，功能相对独立，依赖于语境能完成一种可辨识的交际功能。任何语篇须满足七项标准：衔接、连贯、意图性、可接受性、信息性、情景性和互文性。

由此可见语篇是对文章整体篇幅而言的，是交际中有若干句子有机结合在一起表达一个中心议题的语言单位。著名应用语言学家迈克尔．麦卡锡（Michael McCarthy）和罗纳德·卡特（Ronald Carter）提出了语言即语篇的语言观，认为人们只有从语篇的角度来研究语言才能反映语言，缺乏语篇层次的描述不足于描绘语言的全貌。在此基础上他们提出：语篇能力是在语篇视角下人们使用语言能力的综合体现。这种能力也可以理解为运用各种形式的衔接手段把要表达某一主题的句子连贯起来的能力以及能在理解和表达命题意义的同时理解和完成相应的言外行为的能力。

二、高级德语课程与语篇能力培养

2020年4月发布的《普通高等学校本科外国语言文学类专业教学指南》中德语专业教学指导委员会在《普通高等学校本科德语专业教学指南》部分对高级德语课程的教学目标做了如下描述："在基础德语课的基础上继续提高学生综合运用德语语言知识和技能的能力，使学生具备扎实的语言基本功和较强的语言交际能力"。由此可以看出，高级德语课程的主要任务已经由基础德语阶段主要注重语音、语调、词法、句法转向了语言运用能力和交际能力的培养与提高方面。语言的运用以及交际活动的开展，离不开语篇；因此语言运用能力和交际能力的培养要以语篇能力的培养为基础。

我校德语专业在高年级教学阶段一方面注重进一步夯实学生的语言基础，另一方面更加强调培养学生将德语运用到具体行业的能力。开设了汽车德语、企业德语、科技德语翻译、德语商务函电等有具体行业倾向的专业选修课程。这些课程的授课内容更具交际或使用倾向，情景性及意图性更强，更加要求学生相关行业语言特点和语用规则。这就进一步要求作为精读课和基础语言课的高级德语课程把教学重点放到培养学生语篇能力，树立学生语篇意识上来，以帮助学生养成"语言即语篇"的语言观，学会按照上一节中提及的语篇的七项标准分析、生成语篇，从而提高其语言运用能力和交际能力。

在初接高级德语教学任务时，学生在预习中的一些现象引发了我们的思考。首先，因为所选教材中精读课文篇幅较长，部分学生在讲解、讨论课文之前只预习了一半，却在笔记本上密密麻麻地写满了已经预习部分各个生词的全部词条和用法。当问及课文讲了什么、生词具体在课文里是什么含义的时候，他们往往给不出答案。其次，学生一再反映把文章中的各个句子的语法都看懂了，却始终不清楚课文在讲什么，找不到先后的逻辑关系，更不清楚相关位置具体指代的是什么，有什么作用，相比较在基础德语课上总会因学会新的语法现象而很有成就感，在高级德语课上始终觉得没有进步。可以看出，过分注重单词学习以及句法结构，忽略了语篇层面的分析，致使篇章的整体性、连贯性被割裂，学生往往"见树不见林"，从而也导致了学生对高级德语课程没有信心，失去兴趣。鉴于此种情况，改变高级德语课程教学重点，改革高级德语课程教学方法，提高学生语篇能力是我们在高级德语课程教学实践的重点和关键。

三、高级德语课程培养学生语篇能力的教学方法研究

语篇能力的培养离不开具体的篇章，在这里我们主要结合高级德语课程选用的教材 *Einblick* 中的精读课文从输入（即学生对课文的理解）和输出（即学生在学习了相关的课文之后针对相关话题表达自己的观点与认识）两方面分析培养学生语篇能力的具体教学方法。

（一）输入层面

1. 充分利用导入环节，唤起学生对课文涉及主题的已知知识，补充文化、社会背景

Einblick 中选取的文章都是结合当前德国社会热点话题，介绍德国目前

在相关话题方面的具体情况并表达作者一定的观点。其中一部分话题对于学生来说并不陌生，例如能源和环境问题或女性在家庭和工作中的作用。在处理这样的话题时，教师需要引导学生表达自己的观点，并适时将课文中的主要观点引入与学生的讨论之中，这样一方面可以调动学生已有的知识，帮助其更好在之后更好地理解和挖掘课文内容，另一方面也可以调动其参与课堂的积极性，增强其自信心。在课文 Warum Frauen in Führungsetagen so selten sind 的导入部分，我们结合课文主要内容，向学生们提出了三个问题：

（1）Was bedeutet Arbeit für Männer und Frauen?

（2）Was bedeutet es, Chef oder Chefin zu sein?

（3）Erwarten Sie sich im zuküngtigen Berufsleben von einem Chef oder einer Chefin? Warum?

这三个问题涉及了男性和女性的一般社会分工、领导层需要的能力和素质以及男女领导的差别，涉及了课文的大部分内容，为下一步课文的梳理和进一步分析奠定了基础。

有的课文尽管话题对于学生来说不陌生，但如果缺少对德国具体情况和文化、社会背景的了解，会对课文的理解造成很大的阻碍。对于这样的课文，教师在导入时就要注重考虑如何加入背景信息，以帮助学生更好地理解文章的出发点。以课文 Schüler im Stress 为例，课文主要讲了德国在实行 G8 – Abitur 的过程中各方的反映和存在的问题。理解这篇文章的前提是要了解德国的中小学教育体制以及联邦和州在教育政策方面的分工和权限。我们在处理这篇文章的时候首先选取了两张介绍德国中小学教育体制的图片，一张 13 年结束进行结业考试，升入大学学习；另一张 12 年结束进行结业考试，升入大学学习。在学生对两张图片进行描述的时候，他们不仅了解了德国中小学教育体制，更发现了时间上缩短了一年这个问题，由此展开讨论，方便学生更好理解课文。在联邦和州在教育政策方面的分工和权限方面，教师事先安排了三名同学，由他们以角色扮演的方式完成对该内容的介绍，一名同学代表联邦政府，一名同学代表州政府，一名同学代表学生家长。学生家长需要针对具体的问题向联邦政府和州政府请求帮助，两级政府要根据具体的权责给出适当的回答或告诉家长谁来负责某个具体的问题，在课前教师对他们进行了指导。通过这样的环节，避免了学生在预习过程因需阅读大量的背景信息,而忽略了对课文的研究,同时是也提高了学生的课堂参与度和积极性,一方面为更好地理解课文解决了背景知识不足的问题,另一方面也为讨论课文创造了良好的氛围。

2. 分析课文框架结构,形成课文主要内容思维导图

导入阶段之后,要求教师引导学生分析课文的宏观结构和主要内容。Einblick 中选取的多为叙述文和议论文,教师要注意引导学生分析不同类型课文的框架结构及段与段之间的逻辑关系,并在此基础上进一步引导学生注意不同体裁在组织结构方面的特征。一般来说,叙述文可按事件发生的时间先后;议论文常使用分类举例、因果、比较、对比,也有按一般到具体或由具体至一般的逻辑顺序来安排材料,或按"提出问题——补充证据——提出解决办法"的结构模式。通过对语篇框架的概括分析,可以培养学生掌握宏观结构的能力。

在此基础上,教师要指导学生对课文的主要内容进行有效连接,形成内容思维导图。教师可以组织学生讨论与篇章的主题思想密切相关的关键词,或篇章的标题、次标题、导语,或篇章的首、末段及各段的主题句,激活与篇章主要内容相关的图示,对篇章的大意和发展做出合乎逻辑的归纳和总结。这样的方法有助于帮助学生避开个别复杂句以及生词的干扰,首先抓住文章中心,了解文章脉络,改变以往只看语法和单词,对篇章整体把握不住的情况。

还以 Schüler im Stress 一文为例,我们在导入部分完成之后,组织学生按照上述方法对课文的主要内容进行了归纳,形成了如下思维导图:

3. 分析课文的衔接与连贯,在语篇层面理解课文的词汇和语法

列出课文的主要内容示意图后,就要进入对课文句际关系的分析了,这也是培养和提高语篇能力最直接、最有效的手段。篇章的句际联系有衔接(Kohäsion)和连贯(Kohärenz)两种。衔接针对语言表面结构而言,指篇章各种语言形式或语言成分之间的连接方式,连贯是指篇章中所表达的各种概念或命题之间的联系。

德语中的衔接分为四种基本方式:

逻辑连接:通过连词、副词或词组而建立连接关系,例如 und、aber、weil、deshalb 等。

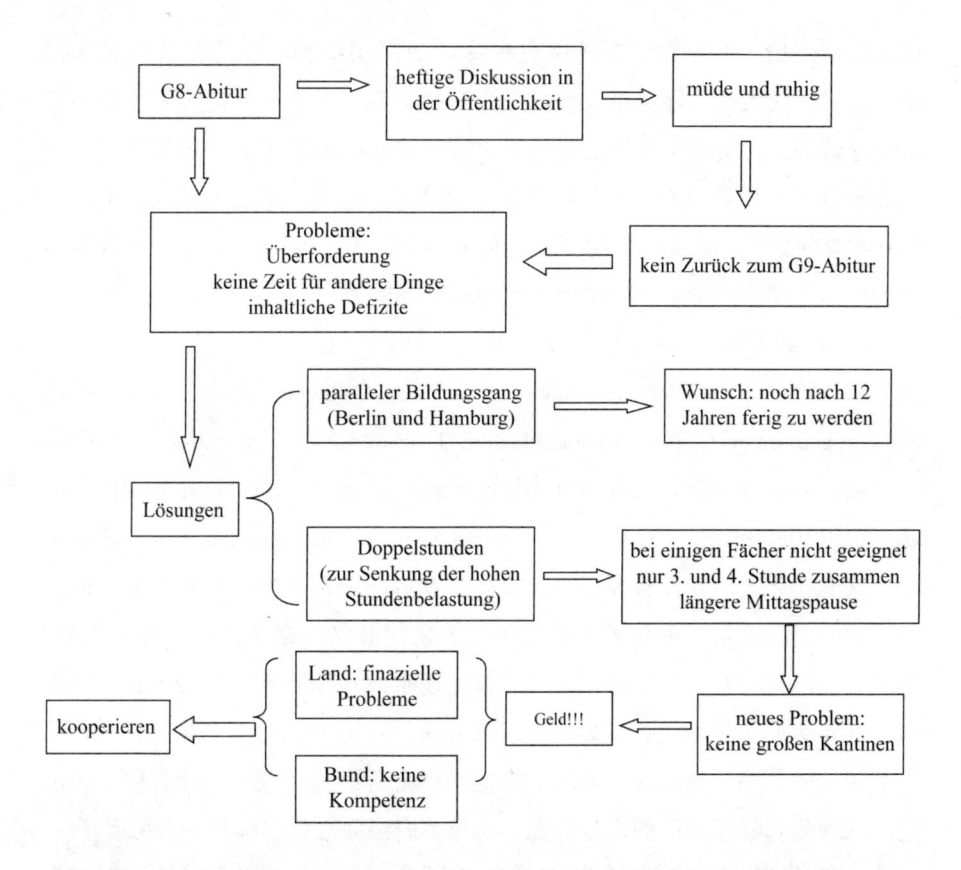

```
[G8-Abitur] → [heftige Diskussion in der Öffentlichkeit] → [müde und ruhig]
       ↓                                                              ↓
[Probleme:                                              [kein Zurück zum G9-Abitur]
 Überforderung           ←
 keine Zeit für andere Dinge
 inhaltliche Defizite]
       ↓
              ┌─ [paralleler Bildungsgang (Berlin und Hamburg)] → [Wunsch: noch nach 12 Jahren fertig zu werden]
[Lösungen] ──┤
              └─ [Doppelstunden (zur Senkung der hohen Stundenbelastung)] → [bei einigen Fächer nicht geeignet nur 3. und 4. Stunde zusammen längere Mittagspause]
                                                                                                      ↓
                              ┌─ [Land: finazielle Probleme]                                    [neues Problem:
[kooperieren] ← ──────────────┤                             ← [Geld!!!] ←                        keine großen Kantinen]
                              └─ [Bund: keine Kompetenz]
```

指称连接：通过人称代词、指示代词和定冠词以及比较指称而建立的连接关系。

省略：在上下文清楚的情况下，不必重复前面的某些部分。

词汇连接：通过选择词汇，在篇章里建立一个贯穿全篇的链条，使篇章相互呼应，前后一致。

教师在备课时，自身要首先注意上述衔接方式，并在课堂讨论过程中选取重点段落或典型段落分析其中的衔接方式，并分析这样的衔接方式对论述文章主题有什么样的作用，以此培养学生站在语篇的角度进行学习和思考的习惯。此外，教师可以将相关信号词和句子列出，在学生了解课文主要内容的前提下，可以采取反向练习的方式，对课文中的句子进行重新表述，引导学生选择正确的连接方式构成一定的句际关系。

篇章的构造除了依赖表层形式的衔接以外，还依赖于富有逻辑性的内在语义连接手段——连贯。连贯体现在篇章的深层结构上，是篇章的无形网络。连贯所代表的句际关系大致可分为9种：并列关系、对应关系、顺序关系、分解关系、分指关系、重复关系、转折关系、解释关系和因果关系。语义连贯分析主要是培养学生在阅读方面的分析、归纳、综合和推断能力。所以在教学实践中，教师应对略难的句际关系，尤其是对容易产生歧义或模糊性的语篇进行重点分析，以培养学生逻辑推理能力，顺利获取深层信息。

以 Schüler im Stress 中的一段为例：

Die Länder tun sich aber auch finanziellen Gründen schwer damit, ihren Schulen geräumige Essbereiche auszubauen. Froh wären die weiterführenden Schulen, wenn es abermals ein Investitionsbauprogramm vom Bund gäbe wie vor Jahren, als die Bundesregierung über vier Milliarden Euro für Schulkantinen bereitstellte.

这两句话之间并没有表层逻辑衔接，看似两个独立的、没有任何关联的句子。但实际上第一个句子和第二个句子之间既是因果关系也是并列关系。由于各州没有钱给学校建食堂，学校就把期望放在了联邦政府身上；与此同时，这句话也间接阐述了各州和联邦政府在教育方面的分工关系。此外，第二个句子中的第二虚拟式用法其实也是一种隐含的连贯关系，作者想表述的是，因为州和联邦之间的责权分配，联邦政府层面拨款建食堂不太可能了。

在教学过程中注重引导学生对句际关系进行分析，学生的注意力和理解力就不再只是某个新词或新句子，而是整个篇章，这样教学效果才会提高，高级德语课程的教学目标才能实现。

4. 分析课文主（述）位结构，把握文章结构部署及主要内容

在本文第一节中，我们提及：语篇具有信息性和意图性，也就是说语篇发出者总是要按照某些词语在交际中所要体现的功能来确定其先后顺序。主位（也称主题）是信息的出发点，传递的多为已知信息，一般位于句首。句子的其他部分是述位（也称述题），围绕主位展开，传递的是新信息。在语篇层次，主位结构起着十分重要的衔接作用。研究主位发展，可以观察作者怎样建立话题框架，以及怎样发展话题。常见的主位发展模式主要有两种：

主位恒定发展模式，即同一主位反复出现。

Thema 1 ——Rhema 1

Thema 1 ——Rhema 2

Thema 1 ——Rhema 3

Thema 1 ——etc.

此种模式主要用于描写。

主位分流发展模式,即各句的主位是从一个总的主位里面衍生、分流出来的。

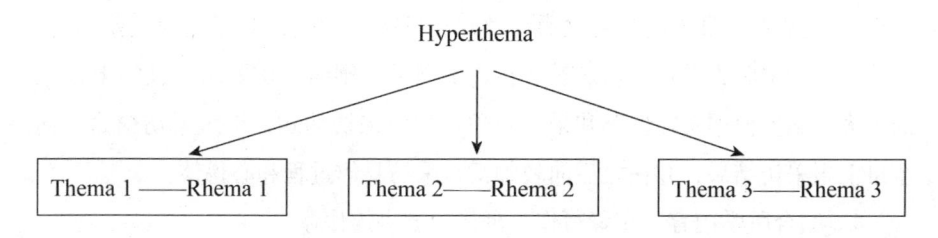

```
                    Hyperthema
         ┌──────────────┼──────────────┐
         ↓              ↓              ↓
 Thema 1 ——Rhema 1  Thema 2——Rhema 2  Thema 3——Rhema 3
```

此种模式在论述性文章中的特点为：先把总的东西提出来，在对总体的各部分逐层展开。其优点是便于从多方面、多角度地进行阐述，有条理有层次。在教学实践中，应结合课文体裁特点，适当介绍主述位结构，训练学生分析一些篇章的主述位结构，使他们熟悉篇章结构的多种组篇方式及语篇的展开方式，更快、更准确地把握和理解语篇所传达的信息，抓住语篇的主要内容。

（2）输出层面

语篇能力不仅仅体现在对文章的理解和把握方面，同时也体现在学生能否运用学过、接触过的材料生成有逻辑的、符合规范的语篇方面。这里的输出既包含书面的也包含口头的语篇输出。

在输出层面首先教师要引导学生将输入层面运用的思维导图、衔接与连贯以及主述位结构有意识地、有针对性地运用起来，加强对输出语篇的布局设计，提高其表现能力，使之更符合语篇的七个标准。

此外在教学实践中，我们主要采用了以下形式的练习，为学生创造表达的机会和平台：

1. 利用输入层面的课文主要内容思维导图，引导学生用自己的话，用连贯的话结合思维导图对文章主要内容进行复述。在此过程中，学生首先自己复述，之后全班一起合作，每人一句形成一篇逻辑紧密、表达连贯的语篇。每个人的顺序不按照座位顺序来，由教师指定或有学生志愿发言，这样可以提高学生的专注程度和语篇意识。

2. 完成一篇课文的学习之后，教师将学生分成小组，每个小组得到一个关于该话题的不同见解或看法，各小组应首先读懂拿到的材料，并思考其与课文的关系，之后就课文中的主题开展辩论。要求学生在此过程中，充分利用课文以及材料中的观点和语言。

3. 完成一篇课文的学习之后，教师安排部分学生针对课文的主要话题，对德国人和中国人进行采访。教师在之前向学生阐明采访要求以及需要汇报的内容，学生根据实际情况和采访对象，列出采访问题，组织采访语言，向全班汇报采访结果，并在之后向教师汇报采访具体过程和心得体会。

4. 结合所学内容，布置写作、翻译、演讲等作业。

四、结语

语篇能力是语言交际能力的重要组成部分，是顺利开展阅读、翻译等语言实践的基础和前提。作为高年级的精读课和基础语言课，高级德语教学应该突破传统教学模式的局限，将教学重点转移到篇章层面，充分调动学生的积极性，有意识地运用语篇相关知识指导教学，从输入和输出两方面，逐步培养和提高学生的语篇能力，为最终获得语篇水平上的交际能力打下坚持的基础。

参考文献

[1] 陈晓春. Einblick – Deutsch für das Hauptstudium 1 [M]. 上海：上海外语教育出版社，2012.

[2] 李燕玉. 高年级法语精读课上语篇能力的培养探索 [C]. 福建省外国语文学会2004年会论文集，2004.

[3] 邵永娟. 语篇能力在大学英语写作中的构建 [J]. 遵义师范学院学报，2013（4）.

[4] 唐青叶. 语篇语言学 [M]. 上海：上海大学出版社，2009.

[5] 王京平. 德语语言学教程 [M]. 北京：外语教学与研究出版社，2003.

德国《2010 议程》议会辩论的话语分析[①]

郑启南[②]

《2010 议程》是联邦德国在 21 世纪初实施的一项影响极为深远且极具争议的社会福利和劳动力市场改革,亦被称作"世纪改革"。当时的德国经济增长乏力,失业率居高不下,社会福利入不敷出,德国甚至被视为"欧洲病夫"。面对诸多社会经济问题,时任总理施罗德在 2003 年 3 月 14 日的政府声明中正式宣布《2010 议程》一揽子改革方案。其核心领域是劳动力市场领域的改革,尤其是将失业救济金和社会救济金合并为"失业金Ⅱ",即哈茨Ⅳ,领取金额仅能维持基本生活保障。哈茨Ⅳ还带有惩罚机制,如果领取者拒绝接受职业中介机构为其介绍的任何一个合法工作,将会受到失业金削减的处罚。这项改革引起了德国各界激烈的讨论,至今仍极具争议。

本文以施罗德时期和默克尔时期关于《2010 议程》的 22 场议会辩论为研究对象,采用话语分析框架下的论式分析方法,探析政党关于《2010 议程》话语的历时性变化以及话语背后反映出改革的深层次影响。

一、理论基础与方法

论式分析法是话语分析的一个重要工具。论式最早可追溯到古希腊时期的修辞学,以图尔敏(Stephen Toulmin)的论证模型为典范,即由论据、推理规则和结论三个基本步骤组成。论式是结合论据以证明结论合理性的论证

[①] 本文系吉林省教育厅"十三五"社会科学项目"话语分析视角下的德国治理模式研究及启示"(JJKH20190401SK)阶段性成果。
[②] 郑启南:吉林外国语大学副教授。

模式。

克莱因（Josef Klein）建立了一种旨在使政治行为合法化的普遍论式，并运用在政治话语分析中。文格勒和茨伊姆（Wengeler&Ziem）在研究课题中收集了1973—2009年关于危机的媒体文章，建立危机话语语料库，以此考察经济和社会政治危机是如何通过公共话语构建的，获取社会群体中集体认知、主导思维模式、意识倾向及其发展变化。尼尔（Thomas Niehr）提出可将篇章总体论证方向分为四种：支持、反对、权衡以及无论证。他还指出，关键词和隐喻可以用于论证且包含在论式之中，三个层面的话语分析并非是平行孤立的关系。此外，他还认为未来可以通过语料库技术快速识别和标注论式的可能性。上述三种论式的抽象层级依次从高到低，后者更加依赖于语篇的主题和语境。

本文的论式借鉴以上研究，并在此基础上进一步发展和创新，对论式分类的依据是社会与劳动力市场改革的维度和在具体语境中的归纳。本文的论式分析按照以下四个步骤进行：

1. 对论式识别、标注和归类。研究者可以在结构上通过一些指示词识别论式，如denn, weil。但在大多情况下，研究者需要从上下文中推导出论式，根据具体语境和内容判断论式。本文借助MAXQDA软件对语料中出现的论式进行标注、编码和归类。

2. 定量分析。论式出现的频率能够反映出其在某一时期对某一政党的重要性。

3. 定性分析。对核心论式进一步做定性分析，诠释论式反映出政党对改革的立场。

4. 结合定量和定性分析结果得出政党话语特点，尤其要考虑到政党差异以及宏观经济、社会和政治背景。

二、研究语料库

联邦议会辩论大多属于合法化辩论。在联邦议院中，联邦议员通常针对某一特定主题的提案或法案进行最终辩论和投票表决。本文在建立研究语料库时主要按照以下三个标准：

1. 相关性

本文选取的联邦议会辩论均围绕《2010议程》及其政策领域，尤其是哈茨IV。借助分析软件AntConc能够从海量文本中快速找到关键词"Agenda 2010""Hartz IV"出现频繁的文本。

2. 代表性

从研究实际角度出发，研究者应选择具有代表性的语料建立成库。本文重点分析两个阶段的议会辩论：一是2003—2005年施罗德时期的11场议会辩论（形符数224922）；另一个是2013—2019年默克尔时期的11场议会辩论（形符数92813）。这两个阶段也是相关讨论最集中的阶段。

3. 可操作性

在文本的选取上还应考虑到可操作性。所有的联邦议会辩论均有专业速记员做出如实、完整的会议记录，其电子文本可以在联邦议院的官网上下载使用。

三、实证研究

（一）论式分析模型

按照上述研究步骤，本文共归纳出7种论式（见表1）。每种论式下根据具体语境还可以细分出子论式。

表1 《2010议程》论证模式的名称和定义

论证模式	定义
全球化	因为全球化挑战，所以（不）应该实施某措施。
人口变迁	因为人口变迁挑战，所以（不）应该实施某措施。
经济利弊	因为某措施促进/有损经济利益，所以（不）应该实施。
就业	因为某种就业形势或某措施（不）能够促进就业，所以（不）应该实施。
原则	因为某原则具有较高效力和普世价值，所以基于/违背该原则的措施（不）应该实施。
社会融入	因为某措施促使人们融入社会/脱离社会，所以（不）应该实施。
心理健康	因为某措施有助于人们的心理健康/造成心理负担，所以（不）应该实施。

按照行为体对改革的总体论证方向，这 7 种论式又可归为支持型、反对型和权衡型 3 种论证类型。通常情况下，改革支持者运用支持型论式以使改革合法化；改革批评者多运用权衡型论式有保留地支持改革，认为有必要改革，但应加大改革力度；改革反对者则运用反对型论式，完全反对改革。

（二）施罗德时期的联邦议会辩论的论式分析

在 2002 年 9 月联邦议院选举后，社民党和绿党联合执政，基民盟/基社盟和自民党作为反对党。民社党仅由直接选出的议员代表进入联邦议院。施罗德总理于 2003 年 3 月 14 日在政府声明中正式宣布《2010 议程》。

本文通过人工阅读和 MAXQDA 软件对语料中出现的论式进行标注和归类。从定量的统计分析上可以得出，这一时期主要出现了 5 种关于《2010 议程》的论式：全球化、人口变迁、经济利弊、就业和原则论式。

在施罗德时期，执政党运用了大量论式以使改革合法化。这些论式具有的普遍特点：一是基于大量数据和事实，因此具有很高的说服力和可信度；二是经常带有特定的关键词和隐喻；三是其子论式具有强相关性，在政党发言中经常一并使用。

（1）全球化论式

全球化作为社会国家转型的强大推动力，使德国在经济上面临诸多挑战，这主要体现在资本、商品、服务和劳动力的跨境流动。首先，来自国外的廉价劳动力给德国劳动力市场带来巨大压力。其次，德国的高工资附加成本危及其作为经济区位的竞争力。第三，由于公司追求的目标是实现利润最大化，因此会将生产基地转移到税收和社会保障缴费相对较低的国家。税收和社会保障收入下降使德国难以维持社会保障支出。

（2）人口变迁论式

人口变迁是德国 21 世纪初面临的另一个重大挑战。这一方面在于德国长期以来的低出生率和社会老龄化，另一方面则是医疗技术的进步和生活质量的提高，平均预期寿命远高于养老金门槛。这导致了德国社会保障体系入不敷出。因此，德国有必要实施改革以应对人口老龄化挑战。

（3）经济利弊论式

经济利弊论式从宏观层面和微观层面可分为经济增长、国家负债和个人贫困论式。

经济增长论式通常包括经济滞胀、增长乏力、增长危机等关键词。在20世纪90年代，德国经济增长大幅放缓。从2000年秋至2003年底，德国陷入自成立以来最长的滞胀期。2003年，德国国内生产总值的增长率为-0.7%。甚至排在欧盟的倒数。2005年，德国经济的增长率仍处于欧洲最低水平。

国家债务论式通常包括财政赤字、政府债务、新增债务等关键词。2003年，德国公共财政赤字约达850亿欧元，国家债务创下1.37万亿欧元的纪录，赤字率高达3.9%，超出了欧盟的《稳定与增长公约》规定的3%和《基本法》第115条规定。改革支持者认为《2010议程》能减少新债务，巩固公共财政，避免财政赤字，实现预算平衡。而改革批评者则强调当前的财政问题十分严重，呼吁应加大改革力度。

贫困论式论证改革给个人带来的经济利益——是消除贫困还是制造贫困。贫困论式主要用于论证《2010议程》造成更多贫困，尤其不利于社会弱势群体。缩减社会福利、降低失业金将使失业者及其家庭购买力下降，消费水平降低，陷入贫困的恶性循环。贫困论式主要被民社党用来反对改革。

（4）就业论式

就业论式在施罗德时期具有极其重要的地位。这一时期出现的是工资附加成本、失业人数、失业时间、工作岗位数量和工作介绍效率论式。

工资附加成本论式的出发点是工资附加成本高（包括税收和社会保障缴款）危及就业，导致失业率上升。在劳动力供给侧方面，工资附加成本高给雇员造成负担，造成其提前退休，黑工数量增加。在劳动力需求侧方面，阻碍雇主雇佣更多劳动力，缩减工作岗位。施罗德总理指出，德国工资附加成本之高已达到雇员难以承受的高度，也给雇主雇佣新员工制造了障碍。因此，降低工资附加成本势在必行。从1982年至1998年，工资附加成本从34%上升到近42%。

失业人数论式通常基于德国劳动力市场数据。2003年，德国失业率为11.3%，失业人数超过470万。这一数字仍在攀升，到2004年达到11.7%，2005年甚至接近13%（520万）。在施罗德时期，失业人数论式在语料中出现频率很高。这一论式常与表示过高、异常的形容词和增长的动词构成搭配，以强调失业人数之多且呈上升趋势。此外，论式中还常带有表示灾难、军事和疾病的隐喻，用于建构当前危急的就业形势。

失业时间论式论证德国平均失业时间过长，当前德国的失业时间平均为32周，远高于欧洲平均水平。许多长期失业者多年来一直处于失业状态。这一时期，失业时间论式主要是由绿党提出用于支持改革的。

工作岗位数量的支持型论式的出发点是，改革能创造更多工作岗位，保障和促进就业。反对型论式则带有否定词，论证改革将无法取得预期效果，反而会削减工作岗位。如民社党认为哈茨 IV 将导致个人贫困，购买力下降，企业减少投资、破产和裁员。

工作介绍效率论式论证改革能提高工作介绍效率，使失业者更快、更好地融入劳动力市场。通过哈茨 III 方案将联邦劳动局改为联邦劳动事务署，即从就业管理机构转型为服务机构，能为失业者提供更直接、更有效的服务。

(5) 原则论式

原则论式是议会辩论中出现频率最高的论式，是政党语义之争和试图占领的对象。

促压结合论式是《2010 议程》的主导论式。促压结合原则在德国《社会法典》第二部里得以体现。根据这一原则，一方面应对有就业能力的失业者提供相应的救助和促进计划，另一方面对他们施加压力，迫使其自力更生。哈茨 IV 惩罚机制尤其体现出了这一点。执政党最常使用促压结合论式，以使改革合法化。反对党对这一原则基本认同，但在大多数情况下认为应加大改革力度。

公正论式也是政党在议会辩论中竞争的概念之一。从公正论式上可以明显看到社民党的范式转变。社民党脱离了传统的社会公正分配理念，重新诠释了社会公正概念。社民党在议会辩论中大量使用代际公正、绩效公正和机会公正论式。其中代际公正论式的出发点是基于代际公正原则，不应只顾及眼前利益，而是至少要为三代人负责。绩效公正论式指出公正应是自食其力，多劳多得。机会公正论式阐释的公正是人人机会均等。反对党运用绩效公正论式主张进一步扩大低薪劳动力市场，任何合法的工作都好于领取社会救济。而民社党则认为改革违背了社会公正原则，加重社会弱势群体负担，造成社会不公正，因此不应该实施。

社会国家的首要任务在于为公民提供社会保障，削弱市场造成的贫困和不平等。社会国家论式基于《基本法》第20条（1）德意志联邦共和国是民主的和社会福利的联邦制国家，第28条（1）各州宪法制度须符合本《基本法》规定的共和、民主、社会福利和法治国家原则。支持型论式论证改革的目的是保障、维护、拯救社会国家，使其在未来也能运转良好。而反对型论式则试图将改革污名化。

社会市场经济论式基于艾哈德（Ludwig Erhard）和穆勒－阿马克（Alfred Müller－Armack）提出的社会市场经济模式——鼓励和发展市场经济，同时实行国家宏观调控和政府干预。它以自由市场经济和社会平衡为目标，在尽可能最好的社会保障之下实现最大可能的经济效率。因此，社会市场经济模式被看作是"第三条道路""新中间道路"。执政党运用社会市场经济论式论证改革是为了维护社会市场经济，反对党则认为应对市场经济体制革新，提出对社会市场经济改革的方案。

团结论式是德国社会保障制度的基本原则之一。为维护公共福利和公共利益，个人应遵循团结原则，在能力范围内履行社会责任，必要时为集体利益做出妥协。相反，对所有不团结的行为和措施应去合法化。支持型论式的出发点是，《2010议程》基于团结原则，保障社会团结稳定，因此应予以实施。在医疗体制改革中，年轻者为年长者、单身者为家庭、高收入者为低收入者承担责任；在劳动力市场改革中，失业者应接受职业中介机构为其介绍的合法工作，在接受社会救助的同时也应自食其力，主动再就业，减轻社会负担。反对型论式则论证改革与团结原则背道而驰，因此不应该实施。

责任论式基于国家责任、欧洲责任、政党责任以及自我责任原则。施罗德总理提出口号"实现和平与改变的勇气"，称实施改革是出于对德国未来负有责任。执政党还将国家责任和欧洲责任结合起来，论证德国对欧洲发展负有责任，"德国对欧洲经济的贡献率约达30%"。政党责任论式是政党争相占领的对象。反对党最初批评改革，之后又称出于国家政治责任将不再联邦参议院层面阻止改革。自我责任论式论证个人应承担更多责任，增强个人责任意识。

竞争论式论证改革能够提高德国在欧洲和全球的竞争力，使德国重返欧洲乃至全球领先地位。竞争论式包括欧洲竞争力论式和全球竞争力论式。为强调改革的目的是使德国赢得竞争，这一论式中还经常出现建构改革目标的路径隐喻——居于"首位"和机械隐喻——使德国成为欧洲经济发展的"发动机"。

（三）默克尔时期的联邦议会辩论的论式分析

在默克尔时期，政党在联邦议会辩论中主要探讨是否应修正或废除《2010议程》和哈茨IV。2013年3月14日，联邦议院对左翼党提交的"实现社会公正，防止社会分裂——2010议程10周年回顾"的提案进行辩论。自2013年12月起，由基民盟/基社盟与社民党组成大联合政府，绿党、左翼党、自民党充当反对党的角色。德国选择党自2017年进入联邦议院。

在这一时期，联邦议会辩论中共出现5种论式：贫困、就业、原则、心理健康和社会融入论式。如果考察各政党使用论式的权重，可以看到左翼党使用贫困、就业、心理健康论式最多。基民盟/基社盟主要使用原则论式。绿党尤其偏好社会融入论式。

1. 贫困论式

在默克尔时期出现的是经济利弊的子论式贫困论式。哈茨IV将失业救济金和社会救济金合并，其领取金额在大多情况低于原来水平。左翼党和绿党运用贫困论式论证改革造成低薪劳动力市场扩大，贫富差距加大，失业金领取者生活窘迫等问题。他们指责哈茨法案是一部"贫困法案"。社民党承认低薪劳动力市场是改革的不良后果之一，但已经试图对其进行修正。德国选择党尤其指出，政府的移民和难民政策加剧了德国的贫困问题。根据调查数据显示，1/3的哈茨IV领取者是外国人，且这一趋势还在上升。这给德国社会保障体系造成了巨大负担。

2. 就业论式

就业论式在默克尔时期的比例明显下降，占据主导地位的是失业人数、哈茨IV惩罚人数和工作岗位质量论式。

失业人数论式主要被基民盟/基社盟用于支持哈茨IV，论证改革取得了积极成效，即失业人数大幅下降。根据联邦统计局的数据，德国年平均失业人数从2005年500万下降到了2018年230万，减少了一半还多。2018年，德国创下了自27年以来最低失业率的纪录。这主要归功于政府实施的劳动力市场改革。

哈茨 IV 惩罚人数论式用于支持型和反对型论式。基民盟/基社盟和自民党使用支持型论式，在论证中常出现副词"只、仅"和形容词"少"强调接受哈茨 IV 惩罚的人数比例很低，仅占 3% 左右，并非大众化现象，大部分失业金领取者都能满足劳动局的要求。左翼党和绿党则使用反对型论式，常使用副词"甚至"强调人数比例之多，这一数字不容忽视。哈茨 IV 惩罚比例从 2007 年的 2.4% 上升到 2018 年 3.2%，惩罚人数也相应地从 783000 人增加到 904000 人。

工作岗位质量论式出现频率较高，尤其被左翼党和绿党大量使用。由于哈茨 IV 惩罚机制向失业者施加压力，迫使他们不得不接受工资低、工作条件差、甚至低于其资历的工作，如临时工、非全时、有固定期限等非典型工作。非典型工作占雇佣工的比例在 2000 年还是 20%，2005 年增至 23.6%，到 2018 年仍居高不下。工作岗位质量论式常与军事隐喻连用。

3. 原则论式

促压结合论式仍是这一时期主导的原则论式。基民盟/基社盟和自民党主要使用促压结合论式支持《2010 议程》。促压结合原则主张权利和义务相对等和统一，这一原则不应遭到质疑。由于哈茨 IV 以促压结合原则为基础，因此应予以保留。从促压结合论式上可以看到社民党的话语发生了变化。社民党认为这一原则是正确且有意义的，但其发展却越来越失衡。失业并非个人原因造成，而责任更多在于社会。政府应为失业者提供更多的"促"而减少"压"的措施。绿党也认为"促"与"压"过于失衡。左翼党则指责政府给失业者施加过多"压"的惩罚措施，而"促"的措施却微乎其微。

人道论式基于基本权利和人性尊严原则。基民盟/基社盟运用人道论式支持哈茨 IV，认为失业者只依赖社会救助不付出劳动不符合人性尊严原则，帮助他们再就业和融入社会，提供给他们充分发挥才能的机会，才是对其人格的尊重。此外，哈茨 IV 并不违反《基本法》。左翼党和绿党则运用人道论式反对哈茨 IV，认为哈茨 IV 惩罚机制违反了《基本法》第 1 条"人的尊严"、第 2 条"个性自由发展，身体不受侵犯"、第 12 条"职业自由"、第 20 条"社会国家"和《社会法典》第二部中体现的人道主义原则：应提供合乎人性尊严的、不带惩罚措施的基本生活保障，威胁到人的基本权利、生存保障的基本权利不应遭到削减，哈茨 IV 带有侮辱色彩，有损人性尊严，是悬在失业者头上的"达摩克利斯之剑"。人道论式常带有军事隐喻。

公正论式在这一时期发生了变化。基民盟/基社盟使用绩效公正论式捍卫《2010议程》。由于哈茨IV惩罚机制基于公正原则，因此应继续实施。而社民党则试图重新占领公正概念，提出公正不是创造工作岗位，而是创造好的工作岗位。该党还指出哈茨IV惩罚机制中对25岁以下青年的惩罚措施是不公正的，因此应予以废除。左翼党和绿党则认为哈茨IV惩罚机制普遍是不公正的，主张引入无惩罚机制的基本保障取代哈茨IV。

社会国家论式被基民盟/基社盟用于支持哈茨IV，原因在于其符合《基本法》第20条（1）的社会国家原则。社民党提出德国需要成为"预防性社会国家"，不仅要保障充分就业，而且要创造好的就业岗位，同时还要保证人性尊严和社会参与。2019年，社民党还提出对社会国家进行全面改革的《社会国家2025》计划。自民党主张的社会国家更具有自由主义色彩。左翼党则呼吁实现一个"民主的社会国家"。

团结论式主要被基民盟/基社盟、自民党和德国选择党用于支持哈茨IV惩罚机制。支持型论式的出发点是，团结建立在相互性的基础上，在一个团结的社会里，每个人都应自力更生。废除哈茨IV惩罚机制就意味着违背团结原则。

4. 心理健康论式

心理健康论式在这一时期具有重要地位。这表明政党越来越多地关注哈茨改革给失业者心理上造成负担。这一论式通常用于反对型论式，论证哈茨IV给失业者带来孤独、自卑、不安、无助、沮丧、消极、自暴自弃等一系列心理问题。他们尤其表现出对生存问题的担忧，对阶层下滑的担忧甚至蔓延到中产阶级。左翼党和绿党使用最多，其次是社民党。社民党特别指出对25岁以下青年失业者严厉的惩罚措施加剧了他们对生存的担忧。

5. 社会融入论式

社会融入论式在这一时期同样起着重要作用，且主要用于反对哈茨IV。低失业金使失业者难以维持最低的社会文化标准，经济窘迫和心理问题使他们更加难以融入社会和再就业，这些都导致了一系列社会问题。

四、《2010 议程》的话语变化及其影响因素

总体来看，政党关于《2010 议程》的话语在很大程度上发生了变化：论证《2010 议程》危机形势的论式大幅减少，而论证《2010 议程》带来负面影响的论式则明显上升，且尤其体现在社会和人道方面。

社民党从改革的发起者变成修正者。在改革的初始阶段运用大量的论式以使改革合法化。而在默克尔时期，社民党则试图修正《2010 议程》。该党重新占领社会公正概念，主张实现更多的社会公正；对促压结合原则重新定位，政府应为失业者提供更多的"促"而减少"压"的措施，如引入法定最低工资，引入资格培训失业金（Arbeitslosengeld Q），废除对 25 岁以下青年的惩罚措施，用公民基本保障（Bürgergeld）取代哈茨 IV。基民盟/基社盟从改革的批评者变成捍卫者。基民盟/基社盟先是批评改革的力度不够大。而自基民盟/基社盟上台以来，由于直接从改革中受益，成为改革的捍卫者，这主要体现在该党运用促压结合、团结、人道、自我责任和就业论式捍卫哈茨 IV。绿党从改革的盟友变成反对者。绿党在施罗德时期曾作为执政伙伴支持改革；而在默克尔时期则反对哈茨 IV 惩罚机制。左翼党一向都是改革的反对者。由于对《2010 议程》不满而从社民党分裂出来的德国劳动与社会公正选举联盟和民社党合并成立的左翼党坚决呼吁废除哈茨 IV。左翼党和绿党运用大量的哈茨 IV 惩罚人数、工作岗位质量、贫困、公正、人道、心理健康和社会融入等论式。自民党在两个时期的话语中体现出的主导思想未发生变化，坚持团结和自我责任原则。德国选择党则指责政府过于宽松的移民与难民政策，造成大量外国人的涌入，加重社会保障体系负担，加剧德国的贫困问题。

影响话语变化的主要是经济、社会和政治因素。从经济角度看，《2010 议程》是把双刃剑。一方面，它使德国劳动力市场灵活化，失业率大幅下降，就业形势得到改善。劳动力成本下降，德国经济的全球竞争力上升。另一方面，它也造成了巨大的低薪劳动力市场，非典型的低收入工作增多、失业者的贫困。从社会角度看，《2010 议程》尤其不利于社会弱势群体，加剧了社会不平等和社会分裂。从政治角度看，《2010 议程》使德国政党格局重

新洗牌。首先对社民党来说是极其沉重的打击。社民党深深地陷入了身份和信任危机。社民党走向"左"的路线,重新塑造政党形象,赢得选民支持和信任,同时也是出于政党竞争考虑与联盟党划清界限。基民盟/基社盟最初作为反对党批评政府的改革政策,以证明该党比执政党更有解决经济和社会问题的能力。之后又大力支持改革和哈茨IV,强调改革成果是该党的强项和功劳。左翼党由于强烈反对改革,从许多原社民党选民那里获得大量选票成功进入联邦议会。左翼党的重点议题就是社会公正和增加社会福利。从政治光谱来看,左翼党的定位要比社民党更"左",以获得这一部分选民的支持。德国选择党的重点议题是移民和难民政策。该党主要指责政府的移民和难民政策对德国经济和社会带来不利影响。可以说,《2010议程》为德国右翼民粹主义的滋生提供了有利的土壤。削减社会福利、低工资、社会不公正、阶层下滑的担忧都导致了许多左翼的选民转向右翼的德国选择党。绿党试图通过新的方案赢得更多选民支持,在社会政策上的定位出现了向"左"的转向,塑造成维护社会公正和人权的社会性政党形象。自民党一直都是旗帜鲜明地主张经济自由主义的政党。自民党和基民盟/基社盟在关于社会和劳动力市场政策的话语上呈现出一定的相似性。

五、总结与展望

本文通过对施罗德时期和默克尔时期关于《2010议程》的22场议会辩论的话语分析,得出政党关于《2010议程》的话语在很大程度上发生了变化。这主要体现在改革带来的负面影响,尤其是从社会和人性角度反对《2010议程》的论式大幅增加。影响话语变化的主要因素是经济与就业形势、社会问题、政党差异和政党竞争。

本文选取关于《2010议程》议会辩论两个具有代表性的阶段进行对比分析,但相对于德国社会福利和劳动力市场改革仍具有局限性,尤其是关于哈茨的讨论仍在持续。在全球化、数字化和智能化大背景下,社会国家和劳动力市场面临着巨大挑战。未来社会国家和劳动力市场应如何发展是值得关注和研究的问题。本文可以为今后对社会国家及劳动力市场改革话语研究提供参考与借鉴。

参考文献

[1] Klein, Josef. Von Gandhi und al-Qaida bis Schröder und Merkel: Politolinguistische Analysen, Expertisen und Kritik. [M]. Berlin: Frank & Timme, 2016.

[2] Klein, Josef: Politik und Rhetorik: Eine Einführung. [M]. Wiesbaden: Springer VS, 2019.

[3] Niehr, Thomas: Der Streit um Migration in der Bundesrepublik Deutschland, der Schweiz und Österreich: eine vergleichende diskursgeschichtliche Untersuchung. [M]. Heidelberg: Universitätsverlag Winter, 2004.

[4] Niehr, Thomas: Argumentation in Texten. In: Kersten Sven Roth, Martin Wengeler und Alexander Ziem (Hg.): Handbuch Sprache in Politik und Gesellschaft. [M]. Berlin/Boston: De Gruyter, 2017.

[5] Römer, David: Wirtschaftskrisen: Eine linguistische Diskursgeschichte. [M]. Berlin/Boston: De Gruyter, 2017.

[6] Toulmin, Stephen: The uses of Argument. [M]. Cambridge: Cambridge University Press, 1958.

[7] 李媛, 章吟. 论式话语分析视域下的德国主流媒体中国核能话语嬗变研究 [J]. 德国研究, 2019 (3).

[8] 郑春荣. 德国如何抓住改革的"时机之窗"——"2010 议程"的理念、影响与反思 [J]. 人民论坛·学术前沿. 2013 (22).

任务型教学法在基础德语课中的应用
——以《交际德语教程 A1》Einheit 10 Essen und Trinken 例

刘梦可①

任务型教学法是从 20 世纪 80 年代逐渐发展起来，广为应用语言学家和外语教学实践者认可和接受的一种外语教学方法，也是教育部推荐和提倡的外语教学法。

一、任务型教学法概述

任务型教学法（Task–based Language Teaching）是指教师通过引导语言学习者在课堂上完成任务来进行的教学方法（Kris Van den Branden, 34 - 37.）。根据这个定义，使用语言是达到目的的一种手段：通过理解语言输入或产生语言输出，也就是说通过使用语言与其他人交流从而达到学习语言的目的。任务型教学法属于以学生为中心的教学法，主要关注二语教学的认知过程和心理语言学过程，力图为学习者提供机会，通过课堂上以意义为焦点的活动，参与开放型的交际任务。其课堂操作程序表现为一系列的教学任务，在任务履行过程中，学习者注重语言交际的意义，充分利用自己已经获得的目的语资源，通过交流获取所需信息，完成任务，其学习过程是沿着开放的途径达到预期的教学目标。

---

① 刘梦可：吉林外国语大学副教授。研究方向：教学法、语言比较。

二、任务型教学法在基础德语教学中的必要性

根据《大学德语教学大纲》的要求，为促进听、说、读、写四项基本能力的培养，在教学中应采用多元化的教学方法，多开展以任务为中心的、形式多样的教学活动。课堂上以学生为主体，老师作为引导，加大教师课上与学生的交流互动，培养和训练学生的语言应用能力。基础德语课作为大学德语教学中的核心课程，在教学过程中应以培养学生的语言交际能力为中心，进行全面、严格的训练，让学生打好语言基本功。然而在实际的基础德语教学中，弊端重重。

1. 忽视学生在课堂中的主体地位。
2. 忽视在教学的过程中激发学生学习德语的兴趣。
3. 过分注重语言表达形式，忽略学生交际能力的培养。

为了提高学生语言交际能力，在语言情景、交际意向等层面上，把语言、语法、词汇等语言知识和听、说、读、写四项基本能力的训练有机结合在一起，德语教师应突破传统的教学理念，不断探索适于学生的教学方法。任务型教学没有将语言学碎片化，而是把整体的、功能性的和交际性的任务作为基本单位贯穿整个教学课堂。

三、任务型教学法在基础德语课中的实践

（一）根据学生不同的阶段学习特点，把握德语教学任务的难度

为零起点学生设计的任务需是他们熟悉的"日常情景"为主题。选择"日常情景"不仅取决于学生的"情景"的认知，还需要符合学生要达到的相关语言水平。例如：第一次的教学——问候及自我介绍。如果教师直接展示，要求学生朗读，显然这样的任务对于他们来说太枯燥无趣。但是，如果老师在教授的时候，胸前粘着用拼音写好的名签，在黑板上画出一幅日出图，再打招呼："Guten Morgen! Mein Name ist…"学生明白了教师的意图。随之，教师与学生问候并询问"Guten Morgen! Mein Name ist… Und Sie?"学生很快进入情景，模仿使用目的语。最后，组织学生双人练习。这样的教学充满了趣味性，达到最终的教学目的，使用德语打招呼、自我介绍。

在学生有了一定的语言基础,可以尝试更具挑战性的任务。采访,了解他人相关信息。教师将采访表下发给学生,上面包含姓名、年龄、职业、婚姻状况、孩子和居住地。任务1:各小组针对采访表的内容进行提问。如个别小组较弱,教师可进行适当询问提示。任务2:学生自由采访并加以记录。任务3:教师指向某一学生,对于他的个人状况进行提问,随机检查学习采访完成的情况。任务4:学生根据采访记录,讲述某人的个人情况,使学生产生获得学习成果的自豪感,也完成教学目的:询问他人情况、复述。

学生掌握的知识程度不同,任务的难度也是不同的,要尽量设计难度适合学生学习阶段的任务。在这一过程中,学生学会如何思考和解决问题,不仅完成了语言学习任务,而且培养了解决问题的能力。

(二)根据学生的学习兴趣,在任务型教学中使用多种教学手段

1. 游戏任务

任务型教学中的游戏任务必须充分激发学习者的语言学习兴趣,使其语言能力得到发展。例如:基础阶段的学生掌握不好多音节单词的拼读,"开火车"就是一项解决该问题的游戏任务。教师展示多音节词汇,每个学生读出一个音节,要求连贯并不断加速。遇到词重音,教师可拍手提示。游戏任务是任务型教学的主要形式之一,也是培养学生学习兴趣的一种重要手段。因此,要把游戏目标作为支点,立足于任务,任务要符合学生的实际学习情况又不枯燥。

2. 调查任务

引导学生用德语与他人交流,进行相关调查,可以消除学生说话的恐惧感,使学生在一个轻松开放的环境下合作完成调查任务。例如:调查业余活动。要求学生使用"Was machst du in der Freizeit?"这个句型让学生在课堂中调查,这样学生的积极性一下子就得以调动,很快熟练地操练这一句型,并且复习了动词在现在时第二人称的变位。

3. 竞赛任务

在课堂上,教师可以组织一些竞赛任务。例如:传话。教师分给每一行第一个学生一张纸条,该生要记忆纸条内容后交予老师,然后向身后同学一个接一个的重复内容。看哪行先准确的复述出纸条上的内容。竞赛结束后,

教师给予获胜的队加平时成绩或减少作业次数,并鼓励其他团体继续努力。在此次任务竞赛中,学生不仅练习听说的能力,而且培养了学生的参与意识、合作精神和集体荣誉感,让学生真正地享受这样的竞赛活动。

(三) 使用任务型教学法设计教学内容——《交际德语 A1》Einheit 10 Essen und Trinken

Einheit 10 Essen und trinken 3 Über Essen sprechen	授课时间	2 Stunden
S. können sagen, was man (nicht) gern mag \ isst \ trinkt		
Komparation: viel – gut – gern		
教学过程		

教学环节	教学内容	教学方法、手段及时间分配
Einführung (导入)	Was essen die Deutschen gern zu Mittag? a. Weisen Sie die S auf die Überschrift des Textes und die Fotos hin oder zeigen Sie sie über das Whiteboard. Laßen Sie die S Vermutungen anstellen: (看标题,猜测授课内容,回答相应问题) Worum geht es im Text? Was essen wir zu Mittag? Wo? Reis, Nudel, Brot, Dampfbrötchen, das Baoyi, Gemüse, das Jiaozi usw. Was essen die Deutschen gern zu Mittag? Hamburg, Fleisch, Fisch, Gemüse, Salat, Currywurst, Saürkraut usw. b. Fordern Sie die S auf, den Text nicht in seinen sprachlichen Details zu erarbeiten. Halten Sie alle genannten Lebensmittel an der Tafel fest. (收集词汇) Pizza, Nudeln, Fleischgerichte, Currywurst, Spaghetti mit Tomatensoße, Schnitzel mit Pommes, Hamburger, Fisch, Gemüse, Salat c. Die Hitliste wird an der Tafel festgehalten. (分类) Platz Essen Prozent	10Min \ PL \ Tafel 7Min \ EA. PA \ Tafel 8Min \ PL \ Tafel 5Min \ PL \ Beamer
Lesen (泛读)		

教学环节	教学内容	教学方法、手段及时间分配
Globales detailietes Lesen（详读） mit Redemitteln Dialoge machen（句型） Übungen machen（练习）	d. Weisen Sie die S darauf hin, kein Wörterbuch zu benutzen und die Bedeutungen aus dem Kontext zu klären. Helfen Sie bei Schwierigkeiten. Schwächere KT können den Text mehrmals lesen. Die stärkeren KT können über das Lieblingseßen der Deutschen diskutieren bzw. sagen, ob sie die im Text genannten Gerichte mögen. （课文阅读） Textzusammenfassung（复述） a. Weisen Sie auf die benutzten Komparationen mithilfe des Minimemos hin. Schwächere S können die Aufgabe in PA bearbeiten. b. Die S markieren alle Adv. gern – lieber als – am liebsten c. Erklären Sie das mit Beispielen. Mittagspause in Ihrem Land – was isst man am liebsten? Schreiben Sie gern und am liebsten an die Tafel. Fragen Sie: Was essen Sie zum Mittag gern? Was essen Sie zum Mittag am liebsten? Mithilfe der KV 2 laßen Sie die S einander Fragen stellen. Faßen Sie dann die Ergebniße im PL zusammen. Welches Ei ist frisch? a. Den Haushaltstipp einzeln lesen lassen, Sätze nummerieren, Bewußtmachung der Bedeutung von mehr und wenig. Kontrollieren Sie die Reihenfolge im PL. b. Die S markieren alle Adv. c. Schreiben Sie viel, mehr und am meisten an die Tafel und erklären das mit Beispielen. Komparation: viel – gut – gern a) Nachdem die S die Fotos zugeordnet haben, lassen Sie die Formen auf ein vorbereitetes Lern – plakat übertragen. b) Ergänzen Sie das Lernplakat durch Formen von gut und gern. Lassen Sie die S sich zu den Sätzen in den Sprechblasen äußern: z. B. Nein, Fisch schmeckt beßer als Currywurst. Und am besten schmeckt Fisch mit Gemüse. Zum Üben der Komparation können Sie auch die KV 3 einsetzen.	15Min \ GA \ PL 5Min \ EA \ Buch 5Min \ PL Bilder 10Min \ PA Papier 5Min \ PL Buch 5Min \ PL Bücher 15Min \ GA \ PA Vorlge

续表

教学环节	教学内容	教学方法、手段及时间分配
课堂小结作业	S. 197 – 10, 11. S. 198 – Ü13, 14	
板书设计	Komparation gut – besser – am besten gern – lieber – am liebsten viel – mehr – am meisten	

	Einheit 10 Essen und trinken 4 Was ich gern mag 5 Nudelauflauf	授课时间	4 Stunden

S. können Rezept verstehen und erklären.

ein Rezept schreiben

Fragewort welch –

教学过程

教学环节	教学内容	教学方法、手段及时间分配
Wieder-holung （复习）	Wiederholung Wiederholen Sie mit den S die Komparation und die Superlation von gut, viel, gern Die S machen Übungen S65 – 10, 11 Fragewort welch Weisen Sie die S darauf hin, sich in PA die Seiten 188 – 190 anzusehen und nach dem Fragewort welch – zu suchen (auch in den Arbeitsanweisungen). Die Formen werden dann an der Tafel ergänzt. Fragen Sie: Welche Tomaten kaufen Sie? Antwort: Ich kaufe Tomaten aus Italien. Die S bilden in PA mit dem Wortschatz der Einheit. Fragen und beantworten sie.	5Min \ PL （全体） Buch \ Heft 5Min \ EA （个人） 10Min \ PL, PA \ Tafel （全体/双人活动）

续表

教学环节	教学内容	教学方法、手段及时间分配
Einführung（导入） Dialoge（对话）	Die S machen Übungen S64 – 8 4 Was ich gern mag Ein Menü Die KT sprechen miteinander und äußern sich, was zusammen paßen könnte. Dann erstellen sie ein Menü und stellen es im PL vor. Magst du …？ein kleiner Ball Stellen Sie Fotos mit verschiedenen Gerichten über das Whiteboard vergrößert im Plenum vor. Die S stehen im Kreis. Eine Person formuliert eine Frage, wirft den Ball und die andere Person versucht schnell zu reagieren. Fordern Sie die KT auf, im schnellen Tempo zu arbeiten.	5Min \ EA \ Heft（单人活动） 5Min \ EA、PA \ Beamer 15Min \ PL, PA \ Ball
vor dem Hören（听力前）	Die S machen Übungen S64 – 9 Smalltalk Spielen Sie im Kursraum das Spiel „Reporter und Paßant". Weisen Sie auf den Kasten mit den Redemitteln hin. Die S lesen die Redemittel durch und formulieren alleine ca. 4 – 5 Fragen. Danach laufen die S durch den Raum, stellen ihre Fragen und machen sich Notizen. Anschließend berichten sie in KG über die Ergebniße der Befragung. Den schwächeren S können Sie die KV 4 als Hilfe geben. S200 – Ü20 Wer ißt und trinkt was？ Die S hören die Dialoge zweimal und beantworten die Fragen.	5Min \ EA \ Heft 15Min \ PA \ Beamer 10Min \ PL \ EA Beamer
beim Hören（听力中）	Die S machen Übungen S200 – Ü21 Nudelauflauf a. Die S lesen das Rezept und bringen die Fotos in die richtige Reihenfolge. Zeigen Sie die richtige Lösung über das Whiteboard. Die schwächeren S können die Aufgabe in PA erledigen. Zusatzaufgabe für lernstärkere Gruppen：Ein Rezept schreiben, indem man den Text weiterschreibt.	15Min \ PL \ EA Beamer

续表

教学环节	教学内容	教学方法、手段及时间分配
nach dem Hören（听力后） Lesen（阅读）	b. Die S verfassen zusammen ein Rezept, z. B. für einen Salat, eine Suppe oder ein spezifisch nationales Gericht. Jeder S formuliert einen Satz, der letzte S liest erst alle Sätze und formuliert, was als nächstes bzw. letztes zum Gericht hinzukommt. In größeren Gruppen kann die Aufgabe in KG erledigt werden. c. Die S schreiben ein Rezept für ihr Lieblingsgericht oder ein Nationalgericht oder ein leckeres Gericht aus dem deutschsprachigen Raum, das sie kennen. Dabei können die Internettipps genutzt werden. Sie könnten auch alle Rezepte später kopieren und als Rezeptheft zusammenstellen. Bei entsprechender Aufgeschlossenheit und guter Gruppenatmosphäre kann ein gemeinsamer Länderabend zum Thema Essen durchgeführt werden. Landeskunde: Essenzeiten in Deutschland a) Schreiben Sie den Titel Essenzeiten in Deutschland und die Begriffe das Frühstück, das Mittagessen und das Abendessen an die Tafel. Fragen Sie: Was essen die Deutschen? Was wissen Sie schon? Die S schreiben die Wörter, die ihnen einfallen. b) Danach lesen die S den Text und überprüfen ihre Vermutungen. Die KV 5 kann für die Überprüfung des Leseverstehens eingesetzt werden. Schwächere KT können die Aufgabe in PA erledigen. c) Anschließend schreiben die S in KG einen Text über die Mahlzeiten im eigenen Land und stellen ihn im PL vor. Die anderen Gruppen hören zu und notieren die Informationen. In der anschließenden Auswertung im Plenum können die S nachfragen üben.	15Min \ GA \ PL Buch（小组活动/全体） 15Min \ PL Bilder 15Min \ PA Papier 15Min \ PL Buch 15Min \ PL Bücher 15Min \ GA \ PA Vorlage
课堂小结作业	S65 – 12	
板书设计	Was ich gern mag, Nudelauflauf	

四、结语

"任务是为学习者展现恰当目的语样例的一种方法——即语言的输入、学习者必须通过运用一般的认知和信息处理能力对这些语言输入进行重组…"（程晓棠，34-37）个类别的教学法的差异在任务型教学中并不清晰，因为它们都是任务单位。由此将任务型教学法作为基本单位用于组织整个的语言课堂更能激发语言的产生、语言的交流。课堂活动的任务是任务型课堂教学的核心，其设计的质量是课堂教学成功的关键。任务型教学高度重视学生在完成任务过程中的思维和能力培养，重视学生在完成任务过程中的参与和沟通。任务型教学使基础语言教学更有科学性、层次性、合理性。

参考文献

[1] Kris Van den Branden. 任务型语言教育：从理论到实践. 外语教学与研究出版社，2011.

[2] Kuhn Niemann, Winzer-Kionthe. 交际德语教程 A1. Einheit 10 Essen und Trinken. 上海外语教育出版社，2016.

[3] 程晓棠. 任务型语言教学. 高等教育出版社，2004.

双语科技德语教材建设的原则与策略[①]

林 琳[②]

一、科技德语课程的培养目标

本课程的教学目的是通过对科普文章的学习，使学生提高理解课文的能力、借助课文内容对一些图表进行叙述的能力以及文章归纳能力；培养学生的跨文化交际意识，帮助学生通过科技类的文章进一步了解德语国家的人民在工作岗位上的常用语言，理解交际过程中的诸多因素，掌握得体的表达方式和实用的翻译技巧；通过大量的练习和实践，逐步培养和提高学生用德语在科学技术领域进行交际的能力。通过本课程的学习，学生应能进一步了解和熟悉科技德语语法和词汇的特点，提高自身的学习能力，以便能够适应以后的工作或者在德国继续深造、生活，并且更好更快的了解和把握德国和世界科技发展的新动向。

二、科技德语教材的选用原则

该课程授课材料的选择主要着眼于近几年德语毕业生的就业市场和热门行业，如汽车领域、环保领域、轨道交通行业、电子产品说明书等。教材编排原则是循序渐进，由易到难，由点到线，再到面，即从词汇、句子，再到篇幅文章。目前已收集、编写的句子约为三百句，文章数十篇，教材还在进

[①] 吉林省课题"双语科技德语教材建设实践与研究"的阶段性成果。
[②] 林琳：女，吉林外国语大学，副教授，研究生导师；研究方向：跨文化交际、翻译学。

一步整理和完善之中，拟计划在部分词汇中添加英语的注释，以便英德双语的学生使用。

三、科技德语课上的教师角色

教师作为课堂的组织者，从一定程度上担任着诸如翻译方向中所提到的"任务的委托人"这一角色。传统意义上的"知识的传授者"在当今这个信息化的年代早已不能满足学生的期望值和社会的需求，因此，通过授课内容及方式激发学生的兴趣也是科技德语教材建设中的重点，根据近年来新兴的构建主义学习理论，教师主要是协助学生在原有的知识经验的基础上，通过特定的情景，使学生获得新知和技能，成为课堂的中心和主体，教师的主要作用是引导学生自主学习，积极参与到教学互动当中，通过小组合作、案例分析、成果报告等方式体验技巧，积累经验，提高学习兴趣和能力，教师起到组织、引导、检验的作用。

四、科技德语词汇的一般特征

笔者认为，科技文本中词汇方面最突出的特点就是三多，即：名词多、缩略语多、外来词多，其特点词义较为单一、精确、明了，大多不含有感情色彩。其中，名词主要表现为专有名词、复合词和派生词。据歌德学院的数据统计，科技文章中名词所占的比例高达约65%（而作为句子核心的动词仅占9%左右），另外，根据转换生成语法的理论所做的调查表明：动词名词化的倾向也会随着科技德语专业化程度的提高而增强，在复合句中，还多用复合名词代替动词和句子，为了清楚地表意，有的复合词中间还特意加入了横线。其次，缩略语在科技德语中也较为常见，如：BD（= Deutsche Bahn）、PS（= Perdestärke）、LKW（= Lastkraftwagen）等，值得一提的是，有的缩略语可以不必译出，如WTO；再次，科技词汇中也存在相当比重的外来词即国际通用词，例如：Computer、Chip、Airbus、Aluminium等，理解这些词汇对于我校学英德双语的同学来说就容易得多了。

五、科技德语常见的句法特点

由于德语科技文本的主要内容多为对客观的事或现象的描述，不必加入叙述者的个人观点，因此该文本中最为常见的句式就是被动态（Passiv）以及被动态相应的替代形式（sein + zu，sich lassen，Adj mit Endungen wie －bar，－wert usw.），时态上以现在时居多。另外，虚拟式和情态动词的广泛使用也是德语科技文体的又一特点，该句式的现在时主要用于独立句中，表示指示、说明或建议，一般汉译为"必须"或"应该"，如果该句式用于某一定理的条件时，也常表示为"假设"或"推断"。

六、科技德语运用的翻译策略

基于学生的就业领域和本课程的特殊性，教学过程当中尽管也采用了诸如任务式、讨论式、报告式等教学方式，但德汉翻译则是该课堂上的一个重要环节，那么，使用哪种翻译技巧也是值得任课教师和学生思考的问题。根据德国语言学家 Bühler 的观点，语言主要有三种功能，即：表达功能、信息功能和指示功能。科技文体的主要特点是作为信息的载体，属于信息类语篇，其核心是进行客观的描述，相对应的翻译标准是信息的等价。参照功能主义翻译目的论的代表人物克里斯蒂安·诺德（Christiane Nord）提出的翻译策略，这里应使用工具型翻译类型中的等功能翻译策略，即：强调译文文本读者能无障碍的接收源语文本所传达的信息，接收到的信息和源语文本信息具有同样的功能。对于一些术语或专业词汇的翻译，一般宜采用直译或对应译，如：Telekommunikation（电信）；在某些情况下也会选择加字、改译、调整译语顺序、长句拆分成单句等方式，以便更加清楚的表达源语的信息。

七、结语

科技德语作为我校双语德语教学中一门实践性较强的课程，仍处于进一步改革完善之中，还需要我们教师从知识、观念、能力方面加以充实，适时反思和沉淀。只有将教材、教法和学生完美地结合在一起，才能真正地提高教学质量，培养出基本功扎实、业务素质过硬的合格人才。

参考文献

[1] 杜蘅. 科技德语课程的信息化教学手段 [J]. 安徽文学（教育视

野),2016 (1).

[2] 路希.德语翻译教学存在的问题与改革创新[J].产业与科技论坛,2014.

[3] 周敏.科技德语的语言特点及语用特征[J].江苏技术学院学报,2012 (12).

[4] 曾凤山、孔效民.试论科技德语翻译[J].云南科技管理,2003 (3).

基于霍夫斯坦德的文化维度理论对比中德家庭教育差异

林 琳[①]

引 言

家庭在塑造儿童的过程中起到很重要的作业，是一切教育的基础。我国家庭教育总体上发展态势良好。千百年来，在家庭教育领域中不少有识之士辛勤耕耘，积累了相当丰硕的成果。然而，尽管中国的家庭教育有着独特的优势，但随着中国经济的迅猛发展和独生子女家庭数量的增多，中国的家庭教育方面也凸显出一些问题，比如：对孩子的过渡溺爱，孩子智商的过早开发，独立人格培养的欠缺，孩子价值观的错误导向等等。

本论文基于霍夫斯坦德的文化维度模式对比中国与德国的家庭中教育观念的差异，比如：不同的家庭教育理念受个体主义—集体主义影响；而不同的家庭教育的方式受高权力距离和低权力距离影响等，旨在借用文化维度这一理论，在总结我国传统家庭教育的瑰宝，达到宣传、弘扬目的的同时，探讨如何学习德国在家庭教育中的先进经验，进一步更新我国家庭中原有的教育理念，改善我国家庭教育水准。

一、文化维度理论简介

文化维度理论是荷兰国际文化合作研究所所长霍夫斯坦德（Geert Hofstede）及其同事在对文化因素进行定量研究时采用的概念。该理论是实际调

[①] 林琳：女，吉林外国语大学，副教授，研究生导师；研究方向：跨文化交际、翻译学。

查的产物,起初并无理论构架。20世纪70年代末,霍夫斯坦德在对分布在40个国家和地区的11.6万名IBM员工进行文化价值观调查和分析的基础上,出版了 *Culture's Consequences—International Differences in Work - Related Values* 一书,归纳出描述文化差异的四个指标,即个人主义集体主义、权力差距、回避不确定性、刚性/柔性倾向。20世纪80年代后期,霍夫斯坦德又重复了十年前的研究,但这次覆盖了更多的国家和地区,总数超过60个。这次的研究不仅证实了这四个维度,同时,通过彭迈克(Michael H Bond)对中国价值观的调查和研究,霍夫斯坦德也把中国的儒家文化思想应用于跨文化管理,从中归结出他的文化价值观的第五个维度:长期观/短期观。该研究的结果发表在他1991年出版的 *Lokales Denken, globales Handeln*(中文译本为《文化与组织》)一书中,从而进一步丰富和完善了他的文化维度理论。该理论是分析文化差异的一个重要理论。

二、五个文化维度下的中德家庭教育对比

在家庭教育这个问题上,自20世纪80年代以来,有关中西(尤其是中美)的对比研究呈现蒸蒸日上的态势,但发表的国内期刊或论文要么虽运用文化维度理论将对比的对象着眼于中西或中美,要么仅基于文献分析和相关经历,从社会学和教育学的视角来探讨中德家庭教育的差异性,确切的理论依据不够充足,尤其是较少的关注文化价值观这一因素对其产生的差异性的影响。

(一)中德家庭中的权力距离对比

权力距离反映的是不同国家的人对于"怎样对待人与人之间不平等"这一基本问题的回答,指的是上下级之间的情感距离。根据霍夫斯坦德整理出的全球74个国家和地区的权力距离指数表得知:中国大陆以80的得分排名12~14位,是个典型的高权力距离国家,而德国得分为35,排名63~65,是个低权力距离国家。

这就解释了为什么在中国自古以来就把对父母和对长辈的尊重视为最基本的美德。父母在孩子面前彰显着一定的权威,孩子主要以服从和顺从为主,父母会为孩子悉心照料一切,如果父母做的过多,孩子由于缺乏尝试和

探索的机会，就会对父母过分依赖，做事缺乏创造性，甚至丧失自己独立的人格。相反，当父母年迈时，子女也应该在经济和行为上给予支持，并且在多数家庭中，父母和子女会住在一起，以便子女履行赡养老人的责任和义务。

而在德国这个低权力距离国家中，孩子一旦具有一定行为能力就会被平等对待，孩子们很早就学会说"不"，父母会注重孩子自理能力的培养，并激励孩子去做各种各样的尝试，孩子在跌跌撞撞中成长起来，个人的独立思维和人格也得以锻炼和加强。在理想的家庭中，成年人之间都是相互独立的，通常，父母们也为自己的年老体衰做好了相应的准备，而不是指望子女们去抚养他们，同时，大多数父母也不期望同子女一起生活。

（二）中德家庭中的集体主义和个人主义

这里提到的集体主义和个人主义和政治色彩并无牵连，当人们生活在群体利益高于个人利益的社会里，这样的社会被称为集体主义社会，反之为个人主义社会。人们生活的第一个群体往往就是他所出生的家庭。在集体主义社会里，孩子成长起来的家庭是由多个成员组成的，文化人类学中将这种家庭定义为扩展型家庭。而在个体主义社会里，孩子成长在只有父母（也有可能有自己的兄弟姐妹）参与度较高的家庭中，其他亲属成员的参与度较低，这种家庭被定义成核心型家庭。

从霍夫斯坦德对全球74个国家和地区总结的个体主义指数表中可以看出：德国以67的得分排名18，中国大陆以20的分数排名56~61。在集体主义为代表的中国家庭，孩子们会以"我们"为出发点，以高情境的沟通方式注重维系家庭中的和谐，愿意和亲人分享资源，家庭中存在着羞耻文化，家族的面子是至关重要的。而在以个体主义为代表的德国家庭中，孩子们通常是从"我"的角度对问题进行思考，沟通方式是低语境的，直言不讳被视为美德，资源归己以及自尊也被视作是重要的。

（三）中德家庭中的阳刚气质和阴柔气质

这里的阳刚气质和阴柔气质并不是指男女性别，而是强调由社会和文化所决定的角色，也就是说，一名男性也可以有阴柔气质，反之亦然。性别角色的社会化始于家庭，因此，也就可以借助于家庭中父母所提供的性别角色模式来体现国家价值体系中的一个维度。当情绪性的性别角色存在明显不同时，这样的社会被称为阳刚气质社会，当情绪性的性别角色相重叠时，这样的社会被视为阴柔气质社会。

巧合的是，在霍夫斯坦德的统计数据，即对74个国家和地区的阳刚气质指数表中，中国大陆和德国都是以66的分数，位列11~13，同属于阳刚气质较明显的国家。在这样的家庭中，父亲被视为应该处理客观事务，而母亲多处理生活情感方面的事情。在这以点上，中国和德国并没有明显区别，但结合之前提到的权力距离，中国和德国家庭中父母和孩子的平等性是有区别的，在中国家庭，父亲主要是依靠权威使孩子顺从；而在德国家庭中，父亲不是支配型家长，他们主要是靠树立榜样来影响孩子的。

（四）中德家庭中的不确定性规避

不确定性规避这个词是从美国的组织社会学中借鉴过来的。它的实质在于它是一种主观体验，是一种感觉。这种感觉不仅仅是个人的，还包括社会中的其他成员。像价值观一样，这种文化元素的根基是非理性的，会形成一个社会的集体行为模式。不确定性规避的定义为：某种文化中的成员在面对不确定的或者未知的情况时感到的威胁的程度。这一维度往往和焦虑这个字眼联系在一起。在74个国家和地区的不确定性规避指数表中：德国以65分位列43，而中国大陆以30的分数位列68~69。由此可见，德国的不确定规避倾向明显强于中国。

经过案例和数据分析得知：在不确定性规避指数较高的德国家庭，各成员的情感或是攻击性会在适当的场合表露出来，而在不确定性规避指数较弱的中国，这些情感一般不外露；另外，德国的父母会针对脏和禁忌给孩子做出严格的规定，在人格测试中，表现在神经质方面的得分较高，而在中国，父母对脏和禁忌为孩子所做的规定相对宽松，在人格测试中，表现在性格随和方面的分数较高。

（五）中德家庭中长期导向和短期导向

这一维度的设定受到我国儒家思想的启发，但又不等同于儒家学说。其定义为：长期导向意味着培育和鼓励以追求未来回报为导向的品德，如：坚韧和节约。而短期导向强调培育和鼓励，着眼于过去和当前的品德，如：尊重传统、维护面子以及履行社会义务。

在对39个国家和地区的长期导向指数表中，中国以118分位于榜首，而德国以31分位居25~27。在长期导向程度高的中国家庭，父母教育孩子要有坚韧不拔的性格和勤俭节约的作风，要知奉献、重谦卑、讲廉耻，要学会适应。而在倾向于短期导向的德国家庭，更加注重于短期成效和消费，教育孩子要坚定自己的立场，重视自身应承担的责任。再比如，家长在为孩子挑选礼物时，德国的家长会注重孩子所获得的喜悦感，而中国的家长会更加注重礼物的教育价值及对孩子未来的帮助和影响。

结语

综上，本文从跨文化交际与文化传播的角度，以文化的五个价值维度为切入点，对中德两国的家庭教育领域做了粗略的对比分析，两国间的文化差异也促使了家庭教育理念、方式和内容的不同，二者都有相互借鉴之处，重要的是，家长们要有与时俱进的眼光去适应新时代的发展，用心培育祖国的未来，与学校、社会一起为孩子们提供完整的、积极的教育环境。

参考文献

[1] HOFSTEDE G, DENKEN L, HANDELN G: Interkulturelle Zusammenarbeit und globales Management [M]. Berlin: dtv Verlagsgesellschaft, 2011.

[2] 季羡林. 季羡林谈东西方文化（典藏本）[M]. 北京：当代中国出版社，2015.

[3] 于月. 中德家庭教育对比及德国家庭教育对中国家庭教育的启发 [J]. 才智，2012 (35): 252.

[4] 朱婕. 德国家庭教育的经验及对我国教育的启示 [J]. 教育探索，2015 (5): 31-33.

第四部分 04

意大利语语言与文化

意大利语系的教学实践探索

张 密

我 2015 年春来到吉林华桥外国语学院,很快就被这里的严格管理和良好校风所感染,但最受震撼的还是校长讲的办学理念:一切以学生为中心,办最负责任的教育。从 2016 年春担任意大利语系主任以来,我就和同事们一起不断探讨如何落实这个理念,探索实践教学的路子,现在总结归纳起来,大致是以下四点。

一、强化第一课堂,做好过程性评价

零起点的小语种学生入门基本都靠第一课堂教学,因此保证教学质量尤为重要,除了认真制定人才培养方案、教学大纲和教案,做好备课、授课、听课、评课,我们还尝试了对学生学习的过程性评价,加大了教学管理力度。

我们从本科一年级开始进行试点,让最擅长抓学生工作的杨姝睿老师教新生班,把过去平时与期末成绩三七开的评价机制调整为各占 50%,平时成绩细分为:出勤 5%,课上表现 10%,作业 15%,测验 15%,自主学习 5%。杨老师平均每周批改笔头作业 2 次,测验 1 次,还有口头作业 2 次。这样做,教师工作量加大了,学生课下学习的压力也加大了,但教学效果提升了。由于平时成绩一般都比较好,杨老师就可以比较放心地把期末考试的难度适当提高,按欧标水平测试方法出题,实现国际接轨,进一步刺激学生努力学习,使整个教学工作进入一种良性循环,全班的整体精神面貌和学习风气令人满意。

新生班一个学期的试点成功，让我们坚定了这种改革的信心，于是2016年秋季就在所有年级的所有课程全面铺开了这种过程性评价机制。虽然都是平时与期末成绩各占一半，但根据各门课程的性质和特点的不同，每项的比例有所调整，作业和测试的次数、方式与内容也各有千秋，但所产生的效果大致相同：学生们不能再平时应付期末突击，受评价机制驱使加大了平时学习的投入，也就自然而然地提升了学习效果。

二、活跃第二课堂，办好社团和竞赛

在强化第一课堂教学的同时，我们下工夫抓了第二课堂建设，充分利用在校的中意教师和前来交流的威尼斯大学留学生，按照学生的学习兴趣和个人爱好分别组织不同的社团。带有尝试性、偶然性的有厨艺社，电影社；比较稳定的是歌唱社、语音社、读书社、读报社、语法社、翻译社，每周三下午进行活动，用生动活泼的方式学习实践意大利语，做听说读写译方面的各种练习，成为对第一课堂教学的有力补充和支撑。每个社团有社长和指导教师，每学期活动有计划安排，每次活动有考勤记录，每个认真参与者都取得相应的学分。

同样，为了激励学生努力学好专业，我们每学期都组织各种专业竞赛，其实是要学生掌握什么就赛什么，看学生什么薄弱就赛什么。一年级有朗读、动词变位、花体书法竞赛；二年级有动词变位、词法（同义词、反义词）、听写、作文、情景表演竞赛；三年级听写、词法、作文、演讲、国别知识竞赛等。我们还设计让大二学生挑战大三学生的竞赛，跨年级的竞赛。年级比赛全员参与，跨年级比赛先行选拔；通过系内的比赛，也为参加全国意大利语专业的各类竞赛做了基础准备。实际上，我校学生在全国大赛中都有不俗表现，曾经先后获得意大利语桥知识竞赛的第一名和第五名的优秀成绩。

三、拓展第三课堂，推进实习和留学

我们对学生的教学工作应该是全方位、多层次的，把教学工作从教室扩展到校内，进而扩展到国内甚至国外，做到空间上的延伸；从学期扩展到假期，做到时间上的延伸。鉴于我们发现每次假期返校后学生的语言水平都有下滑，就加强了假期学习管理，一年级留读一本书或做一次社会调查、专业认知的作业；二、三年级也留程度不同的读书作业，或者开始进行专业实习；四年级学生则是毕业论文和毕业实习。每学期开学后第二周召开全系师生大会，请各年级学生代表介绍假期学习或实习、调研的心得体会，同学们彼此交流，共同提高。我们积极为学生联系实习单位，在一两年内发展了各类培训机构、商会、电台、电商、旅行社等十几家单位，做到了全部大四学生的毕业实习都在意语相关单位，大三学生也开始了假期的专业实习。通过实习，学生们看到了自己与实际工作需要之间的差距，学到了在岗人员的经验，得到了语言和各种能力的锻炼提高，都觉得收获颇丰。今年有三分之一的大四学生在毕业实习过程中签署了三方协议，使我系历史上首创毕业班就业率和专业对口率的两个百分之百的记录，这对在校的其他年级学生也是很大的鼓舞。

为了更好地开展国际交流，让学生在母语环境中学习地道的意大利语，了解意大利国情，我们多年坚持派大三学生到威尼斯大学交换学习一个学期。这两年，我们进一步拓展第三课堂建设，加强国际交流，与都灵大学也签署了合作协议，具体研究了 4 + 2 的本硕连读、1 + 1 的双硕士合作模式，争取尽快将备忘录变成行动计划。此外，我们还准备开始与锡耶纳外国人大学的校际合作，争取有更多的学生"走出去，请进来"，创造更好的外语学习条件。

四、树立一把标尺，进行欧标的测试

我国的英语和法、西、德等外语都有全国 4、6 级的语言水平测试，社会各界可以依此成绩判断学生的语言水平和学校的教学效果，但小语种都没有。欧洲有统一的欧标语言水平测试，分为 A1、A2、B1、B2、C1、C2，就是所谓的初级、中级和高级水平三档，目前到意大利读大学一般都要求具备 B2 水平。

为了让我们的学生了解自己的水平状态，激励大家努力提高自己的水平档次，我们从 2016 年开始在全国意大利语专业中率先进行欧标的意语水平测

试，要求全系各年级学生都参加测试，就像给大家竖起一根标杆，（每年一次）定期去衡量自己的高度，找出自己的差距。

今年我们第二次举行欧标的语言水平测试，按照人才培养方案，一年级应达到 A1，实际通过率为 96.4%，甚至 A2 通过率也达到 78.6%；二年级应达到 A2，实际 A2 通过率为 93.3%，甚至 B1 通过率为 53.6%，B2 为 10%；三年级应达到 B1，实际上 A2 通过率为 85%、B1 通过率为 62%，B2 通过率 16%。分析测试结果，除了各班平时学习较差的个别人（5%~10%），主要问题是不少人在笔试的作文上丢分，很多人都是口试部分通不过，因此需要在这两个方面加强工作。这个标尺不仅让学生看到了自己的高度，也让教师看到了工作的差距，为我们提供了教学工作的改进方向及其效果的参考数据。

总之，围绕着以学生为中心，办好最负责任的教育这个原则，有许多工作要做，而且是一个系统工程，里面各个环节相互关联彼此影响。作为教育工作者，我们就是要不断探索，锐意进取，为国家培养优秀人才，让学生受益，让家长放心，让自己安心。

从古罗马传统文化的角度看文艺复兴为何诞生在意大利[①]

杨姝睿[②]

> 从 14 世纪后半叶开始,在意大利兴起了一场对古典语言及文化(古希腊和古罗马语言及文化)深入研究的运动,史称人文主义运动。在这场运动中,诞生了一种对西方文化和整个西方社会具有深远影响的思想,史称人文主义思想。在这种思想的指引下,意大利乃至整个欧洲在文学、艺术、政治、科学等各个领域进入了前所未有的全面复兴时期,史称文艺复兴。
>
> ——题记

文艺复兴一词源于意大利语 Rinascimento,意为"复兴""再生",意为使古希腊、古罗马的文化再次出现,即古典文化的重生。

在古希腊和古罗马时期,文学艺术的成就很高,人们也可以自由地发表各种学术思想和演说,这和黑暗的中世纪截然相反。14 世纪末,由于信仰伊斯兰教的奥斯曼帝国的入侵,东罗马(拜占庭)的许多学者,带着大批的古希腊和罗马的艺术珍品和文学、历史、哲学等书籍,纷纷向西逃亡避难。当

[①] 国家留学基金委青年骨干教师培训项目。
[②] 杨姝睿:女,吉林外国语大学,意大利语教研室主任;研究方向:意大利文学、区域国别研究。

地的一些学者惊叹于古罗马的艺术,文学的魅力,自发的传播这种外来文化,意图达到古罗马时期的成就。

一些东罗马的学者在意大利的佛罗伦萨办了一所叫"希腊学院"的学校,讲授希腊辉煌的历史文明和文化等。这其中的核心:重视人的作用——也就是后来的"人文主义",与资本主义萌芽产生后,人们追求的精神境界是一致的。于是,许多西欧的学者要求恢复古希腊和罗马的文化与艺术的统治地位。这种要求就像春风,慢慢吹遍整个西欧。文艺复兴运动由此兴起。我们不难看到意大利文化之与古希腊、罗马文化之间存在着千丝万缕的联系。文艺复兴之所以产生于意大利实属历史之必然。

古罗马人把文学、哲学等提高人的精神素养和文化修养的学问称作"人文科学",人文主义者主张对古典人文科学进行认真、系统的研究,人文主义运动因而得名。

早在彼特拉克之前,意大利北方城邦国中就已经有一些语言学家、教师、法学家、律师、公证员对古典著作兴趣浓厚,出于工作的需要,他们与古典语言联系密切。在工作中他们需要使用拉丁语,因此努力学习古典著作,希望自己的拉丁语更接近古罗马优秀作家的语言,从而提高工作质量。这些人在历史上被称为"人文主义先驱"。后来研究古典拉丁语的风气日盛,逐步形成了持续近一个世纪的人文主义运动。而人文主义正是文艺复兴的核心思想!

14世纪时,随着工场手工业和商品经济的发展,资本主义关系已在欧洲封建制度内部逐渐形成;在政治上,封建割据已引起普遍不满,民族意识开始觉醒,欧洲各国大众表现了要求民族统一的强烈愿望。从而在文化艺术上也开始出现了反映新兴资本主义势力的利益和要求的新时期。新兴资产阶级认为中世纪文化是一种倒退,而希腊、罗马古典文化则是光明发达的典范,他们力图复兴古典文化——而所谓的"复兴"其实是一次对知识和精神的空前解放与创造。表面上是要恢复古罗马的进步思想,实际上是新兴资产阶级在精神上的创新。

当时的意大利处于城邦林立的状态,各城市都是一个独立或半独立的国家,即城邦,14世纪后各城市逐渐从共和制走向独裁。独裁者耽于享乐,信奉新柏拉图主义,希望摆脱宗教禁欲主义的束缚,大力保护艺术家对世俗生活的描绘。与此同时圣方济各会的宗教激进主义力图屏弃正统宗教的经院哲学，歌颂自然的美和人的精神价值。罗马教廷也在走向腐败，历届教皇的享乐规模比世俗独裁者还要厉害，他们也在保护艺术家，允许艺术偏离正统的宗教教条。哲学、科学都在逐渐地朝着比较宽松的气氛中发展，也酝酿着宗教改革的前奏。

西欧的中世纪是个特别"黑暗的时代"。基督教教会成了当时封建社会的精神支柱，它建立了一套严格的等级制度，把上帝当作绝对的权威，什么文学、什么艺术、什么哲学，一切都得按照基督教的经典《圣经》的教义，谁都不可违背，否则，宗教法庭就要对他制裁，甚至处以死刑。《圣经》里说，人类的祖先是亚当和夏娃。由于他们违背了上帝的禁令，偷吃了乐园的禁果，因而犯了大罪，作为他们后代的人类，就要世世代代地赎罪，终身受苦，不要有任何欲望，以求来世进入天堂。在教会的管制下，中世纪的文学艺术死气沉沉，科学技术也没有什么进展。黑死病在欧洲的蔓延，也加剧了人们心中的恐慌，使得人们开始怀疑宗教神学的绝对权威。

中世纪的后期，资本主义萌芽在多种条件的促生下，于欧洲的意大利首先出现。资本主义萌芽是商品经济发展到一定阶段的产物，商品经济是通过市场来运转的，而市场上择优选购、讨价还价、成交签约，都是斟酌思量之后的自愿行为，这就是自由的体现，当然要想有这些自由还要有生产资料所有制的自由，而所有这些自由的共同前提就是人的自由。此时意大利呼唤人的自由，陈腐的欧洲需要一场新的提倡人的自由的思想运动。

资本主义萌芽的出现也为这场思想运动的兴起提供了可能。城市经济的繁荣，使事业成功财富巨大的富商、作坊主和银行家等更加相信个人的价值和力量，更加充满创新进取、冒险求胜的精神，多才多艺、高雅博学之士受到人们的普遍尊重。这为文艺复兴的发生提供了深厚的物质基础和适宜的社会环境。

首先，古罗马光辉灿烂的文化是文艺复兴产生于意大利的基础。

罗马文化中，以法律成就最突出，共和国时代的《格列哥法典》《提奥多西法典》以及东罗马帝国的《民法大全》都举世闻名，对文艺复兴时期资产阶级思想有深刻影响。古希腊文化是奴隶主民主政治全盛时期的产物，罗马文化则是古希腊文明的直接后继者，由于民主政治、共和政体提供了较多的学术自由,古希腊、罗马文化蕴含了较多的科学性、民主性、理性主义和现实主义等与资本主义新经济、新的生活相协调的文化因子,因而被新生的资产阶级的一些著名人物顺理成章地借鉴过来,托古改制,创建新文化。这中间蕴含着文化变革和传承地秘密。

　　资产阶级作为一种新兴的阶级,它有反抗中世纪黑暗与专制的迫切愿望,却由于自己的不够成熟,无法提出自己完善的思想文化观念,它必须借助一种文化去反抗,因而古希腊、罗马文化必然成为他们最好的选择。"文化一旦摆脱中世纪空想的桎梏,也不能立刻和在没有帮助的情形下,找到理解这个物质的和精神的世界的途径,它需要一个向导,并在古代文明的身上找到这个向导,因为古代文明在每一种使人感到兴趣的精神事业上具有丰富的真理和知识。人们以一种赞美和感激的心情采用了这种文明的形式和内容,它成了这个时代的文明的主要部分。"在古典文明中,文艺复兴的巨人们不仅找到了光辉的榜样与导师,找到了崇高的智慧和广博的学识,找到了丰富的素材,优美的风格以及高超的浪漫主义与现实主义的表现手法,使他们不朽的作品在学习和借鉴古典文化的基础之上达到极高的造诣;而且使意大利人文主义者及早地接受和利用了罗马文化中的有益之处,借以举起反对封建神学思想地大旗,掀起了资产阶级革命。

　　其次,意大利保留和吸收了大量的古典文化遗产,为文艺复兴最早产生于意大利,创造了得天独厚的条件。

　　意大利是罗马文化的直接继承者,本身就拥有和保留着大量的古典文化的遗产和文献。保留了大量的古代国家图书馆、教堂图书馆和私人藏书室。帝国时代,罗马有二十八个国家图书馆,最著名的是攸里乌斯·恺撒罗马大图书馆。私人藏书室较多,如圣奥古斯丁藏书室。至中世纪,王室图书馆和教会图书馆的地位显著。这些图书馆收藏了大量的古典文献。如:共和国时代的罗马的成文法典——十二铜表法和万民法以及浩瀚的历史学著作等等。这些一手资料为人文主义者的"复兴"古典文化提供了良好的条件。意大利的许多城市组织起研究古典文化的学术团体,如:罗马学园、佛罗伦萨的柏拉图学园和那不勒斯的蓬塔诺学园等,这些团体对推动古典文化的研究和古典哲学思想的传播起到了极其重要的作用。对古典文化的研究彻底改变了传统的中世界文化,人们的思想焕然一新。

意大利人对古典文化亦进行了大量的搜集整理工作。吸收和保留了大量的古希腊文化，14世纪初期承袭着东罗马帝国的拜占庭遭到土耳其人的入侵，被迫与罗马教会联合，以争取西方的支持。由此君士坦丁堡与意大利之间，使者、学者往来不断，许多希腊文手抄稿被带到意大利，尤其是1433年，君士坦丁堡陷落，许多拜占庭学者逃亡到意大利，讲授希腊文明，吸引了大量文人学士，对古典手稿、抄本的搜集、整理、研究、鉴赏在意大利蔚然成风，恩格斯说："拜占庭灭亡之时抢救出来的手稿，罗马废墟中发掘出来的古典古代雕塑，在惊讶的西方面前展示了一个新世界——希腊古代；在它的光辉形象面前，中世纪的幽灵消逝了，意大利出现了出人意料的艺术繁荣，这种艺术繁荣好像是古典古代的反照，以后就再也不曾达到过。"

丰富的材料使意大利人文主义者能够从中吸取到他们所需要的东西，并加以利用。"借用他们的战斗口号和衣服，以便穿着这种久受崇敬的服装，用这种借来的语言，演出世界历史的新场面。"于是新兴的资产阶级人文主义者，从古典文化中寻找适合本阶级的文化成分，专心从事新的文化思想创作，拉开了文艺复兴的序幕。

由上所述，发生于十四至十六世纪的文艺复兴运动之所以最早出现在意大利，主要原因是资本主义生产关系的萌芽的最早和意大利是古典文化的故乡。"一定的文化是一定社会的政治和经济在观念形态上的反映。"文艺复兴的产生是资本主义萌芽于发展的需要。科学文化是有其继承性的，任何一种新的文化都是在旧的文化基础上发展起来的，古希腊罗马文化为文艺复兴提供了良好的"创作平台"。

结语

意大利曾被称作"作为一种艺术工作的国家"，无论是从文化的继承，还是文化发扬的角度，都有其历史的必然性和偶然性。古罗马哲人对自然界十分好奇，试图凭借自身的力量解释各种自然现象，而不是简单地寄托于天神，并希望用最理想的艺术形式展现自然的神秘之美；他们研究社会的起源，试图找到管理社会的最佳办法；他们不屈从强大的天命，而是把人和人生的各种问题置于宇宙的中心；他们把艺术、科学等各类知识视为人类智慧的结晶。这些思想的精髓对于当下的各项研究也有着深远的意义。

参考文献

［1］雅克布·布克哈特. 意大利文艺复兴时期的文化. 商务印书馆, 2007.

［2］王军, 王苏娜. 意大利文化简史. 外语教学与研究出版社, 2010.

第五部分 05

葡萄牙语语言与文化

低年级学生葡语学习中的常见语法错误

白家麟①

一、名词的单复数

中国字里经常出现的"多"字，在葡语里翻译成 muito。中国学生，尤其没学过西方语言或没掌握一门西方语言的学生误认为，既然汉语中有"多"，就一定在外文中用复数表达。其实，他们不了解西方语言中有"可数名词"和"不可数名词"之分。

1. 葡语中的不可数名词

（1）一般具体的东西属于可数名词：

livro, revista, mesa, aluno

（2）一般属于概念的名词属于不可数名词，如：água, dinheiro, alma, espírito, disciplina, moral 等，比如：Bebi muita água. O pai dele tem muito dinheiro.

（3）不可数名词也有复数的情况，这是的意思就变化了。比如：

As águas do mar. 海洋的波浪。

As disciplinas são muitas na universidade. 大学的课程很多。

Os espíritos escondem – se por todos os lados escuros. 鬼怪藏在所有黑暗之处。

2. 经常出现的单复数意义不同的名词

---

① 白家麟：吉林外国语大学葡萄牙语系主任，教授；研究方向：葡汉翻译。

Experiência, tempo, hora, felicidade, interesse, bem, vida, papel

3. 学生经常把单数名词错用为复数的情况

Comida, dinheiro, tempo, impressão, situação, relação, pontuação, medicamento

二、形容词的位置和单复数

1. 一般来说，葡萄牙语的形容词都是作定语，习惯放在被修饰的名词或词组之后，我们看下边的例子：Casa grande, homem alto, sala de aula clara, dormitórios novos。

2. 但有些形容词习惯放在被修饰的名词或词组之前，如：bom, mau, ótimo, pior 等，例如：Bom estudante, má ideia, ótimo film, pior livro。

3. 有些形容词放在被修饰成分之前和之后意义有所不同，其规律是，放在名词之后一般表示形态、外观，而放在名词之前一般表示性质和感情等心理状态，如：Um carro novo 新（买的）汽车, novo carro 新（型）汽车, um homem grande 一个魁梧的人, um grande homem 一个伟大的人物。

三、前置词短语的错误使用前置词短语的错误使用

大家都知道前置词短语和副词短语在形式上的区别，简言之就是前置词+名词+前置词或名词+前置词=前置词短语；前置词+名词=副词短语。例如：em fente de, frente a 是前置词短语；em geral, de hábito 是副词短语。

使用前置词短语容易出现的错误是含义和配套的错误，就是理解和记忆出现的错误，例如：a fim de（为了）有人写成 em fim de，这是记忆错了；à base de, em base a（在XX基础上），是正确的用法，有人把两者弄错了，写成 à base em, em base de。

建议经常像年口诀一样朗读，并使用短语造句。如：em respeito a, a respetio de 等等。

四、动词时态的配套（简单过去时和过去为完成时）

动词配套是低年级经常出现的错误。其实也不应该完全怪罪学生，因为

西方语言都是通过动词词根的变化，也就是动词变位表达动作发生的时间，我们称其为"时态"。但是，西方语言的时态是有限的，举葡语动词为例，最常用的动词时态有现在时、过去时和将来时。进一步划分过去时态有简单过去式、过去未完成时、先过去时。将来时又细分为简单将来时和复合将来时，简单过去时将来时和符合过去将来时。

这些动词的概念语法书上有详尽的说明，我只讲讲要注意的一些事项。

1. 任何时态都有特殊变为动词，而且最常用的动词基本都是特殊变为动词，在语法上称其为"不规则动词变位"，需要我们专门记忆，如：ir, ser, fazer, vir, ver, traze, ter 等等，其实总数也不超过 10 个，另一些不规则虽然也叫"不规则变位动词"，但这些词根形成的派生词都有同样的变位规律，如 construir, reconstruir, ter, manter, reter, deter, 我们只要记住 ter 这个基本变位，派生词的变位就好记忆了。

2. 我现在重点讲一下简单过去时和过去未完成时的使用。这也是低年级学习中的一个重点和容易犯错误的地方。

其实，我们知道基本的时间概念即可，不必计较对错。有些情况两个时态可以互换，但一定要知道区别之处。如：

Ele foi meu professor. 他曾经是我的老师。

Ele era meu professor. 他那时候是我的老师。

前者简单提及有这么回事，后者重点放在当时，很可能为下面的说话起到铺叙作用。我们不妨把两个句子放大了来分析。

Estudei na Universidade de Beijing e ele foi meu professor. 我在北大上过大学，他当过我的教师。

Quando eu estudava na Unviersidade de Beijing, ele era meu professor. 我在北京读书的时候，他是我的教师。

可见第一句是简单介绍，第二句是描写需要。但是如果写成"Estudei na Universidade de Beijing e ele era meu professor."就不配套了。因为不可能你读完了大学，他还跟着你当你的教师。

也不可能写成"Quando eu estudava na Universidade de Beijing, ele foi meu professor."教师不可能比你在北大读书的时候，教书的时间比你读书时间短。

我经常告诉同学们，在使用简单过去时和过去未完成时要注意"点和线的关系"，也就是说，你强调"一条线"的时候用未完成时，强调"点"的时候用简单过去时。

3. 我曾经告诉学生，一般能愿动词在表示过去的时间用未完成时，但有些时候学生容易犯糊涂，看下面的句子。

Ele perguantava – me sempre sobre a origem desta palavra, mas eu não lhe podia explicar. 他总是问我这个单词的来源，但我不能给他解释。

Fui convidado para a festa, mas não pude ir. 我收到参加聚会的邀请，但我没能去。

可能有人问我，既然老师说能愿动词一般用未完成时，第二句为何用了简单过去时呢？

其实，这里面有一个道理，首先，前面的一句是 fui，即"一次性"的动作，下面的 pude 是交代"没能做成"。第二个原因来源于这样一个规律：能愿动词经常受到两个因素的影响：一是受后面的行为动词的影响，也就是说，如果行为动词是"一次性"的，能愿动词就使用简单过去时，如果是强调长期性的，就使用未完成时，你们看看第一个例句中的 podia，是说明没有"能力"，是一种状态。二是要分清这些能愿动词到底是表示感情还是行为的含义。

请看下列句子：

Os alunos não se lembravam das palavras na aula, eu tinha de repeti – las muitas vezes. 学生们不计单词，我必须经常重复才行。

Ontem o comboio do meu irmão chegou atrasado e eu tive de esperá – lo mais tempo do que o previsto. 昨天我弟弟的火车误了点，我不得不比原来的时间多等了他一会。

第一句是描写，第二句是叙述。

Ontem eu tive muito trabalho de casa. 我昨天的作业很多。这里的 tive 不是能愿动词，而是行为动词。

4. 至于文学作品中经常使用的过去未完成时，我们只要模仿即可。如："Era uma noite…., Era uma vez, havia uma menina muita bonita…"等等，这是"烘托气氛"的需要。

5. 至于 "Era melhor que viesses mais cedo." 你最好早点来。"Tinha que pôr mais roupa." 您应该多穿衣服。这种用法是委婉建议、劝告的用法，相当于英语的 you should better，you should have to 的用法，并非是时态，而是语态，属于固定的表达方式。

五、副动词的用法错误

副动词葡语称为 gerúndio，其功能大致分为独立与符合使用方式。

1. 独立使用实际上是一个"动宾结构的状语从句"，为主句当作"原因、时间、让步、结果等、方式"的狀语"功能"。如：

Vendo pouca gente na reunião, eu fui embora. 由于看到参会的人员不多，我就走了。（原因）

Acababando o espetáculo, os alunos saíram do salão. 演出结束的时候，同学们走出礼堂。（时间）

Mesmo estudando com mais esforço, nunca alcansará o João. 你学习再努力也赶不上若奥。（让步）

A economia chinesa desenvolveu – se aceleradamente, atingindo um novo nível. 中国经济飞速发展，达到新的水平。（结果）

Os anfitiões e convidados viam – se muito contentes, birndando uns com os outros. 宾主互相敬酒，显得非常愉快。（方式狀语，也称"伴随情况"）

2. 复合结构（1）是助动词 estar, andar + inf 表示正在进行的动作。如：

Estamos a ver um filme. 我们正在看一部电影呢。

Anda a procurar emprego. 他在找工作。

（2）动词 ir 或 vir + gerúndio 表示逐步发展的动作，强调动词的过程。如：

A escola vem mudnado banstante nos últimos anos. 学校今年来（一直）变化很大。

O menino vai aprendendo a cuidar – se, não se preocupe. 别担心，孩子会慢慢学会照顾自己的。

3. 常见错误有如下情况：

（1）反身代词的位置错误。如：

Eu estou – me a levantar. 应该放在原型动词之后，改为 Eu estou a levantar – me.

注：只有在副动词做独立结构时才能带反身或宾格人称代词，如：

Levantando – se tarde, ele faltou à aula.

Vendo – me não estudar, o pai ficou zangado.

（2）主语的位置

Ele chegando atrasado, foi criticado pelo professor.

应该为 Chegando atrasado, ele foi criticado pelo professor. （Ele, chegou atrasado, foi criticado pelo professor.）

注：在使用副动词做独立结构的状语从句中，主语永远出现在主句中。

（3）有个别同学没弄懂副动词和过去分词在使用上的区别，将两者混淆。如：

Tendo terminado os trabalhos de casa, a Maria saiu para fazer desporto. 玛利亚做完作业就出去锻炼身体了。

错句：Tido terminado os trabalhos de casa…

六、副词的位置

葡语的副词是修饰形容词或动词的成分，一般放在形容词前或动词后，例如：

Muito bom tempo.   Canta frequentemente.

常见错误：

1. 有些同学可能源于汉语思维，错将副词放在动词前了。如：

Ele muito bem canta. 他唱得很好。应改为 Ele canta muito bem.

2. 有些副词的确放在动词前，除了习惯和强调意义外，有的是修饰全句的一个程度或时间状语。如：

Normalmente, eu vou para a cama às 11 horas da noite. 一般情况下我晚上11点上床。（副词当当做时间状语）

Finalmente ele apareceu! 我他终于露面啦！（还是时间、结果副词）

3. sempre 的使用。中文"他总是说的很少，做的很多。"，根据汉语习惯，"总是"是放在动词前的，但葡语，特别是葡萄牙葡语，sempre 都是放在动词后的。Nós esperamos sempre a chuva. 我们一直等待降雨。

注：在葡萄牙葡语中，sempre 如果放在动词前，是表示"终于"的意思。

如：Sempre chegou! 他终于到了！

七、标点使用的常见错误

首先，汉语在使用标点方面与葡语有所不同。细心的本科低年级同学会发现，你们课本上的文章基本上都是简单句、并列句（就是用 e 或者 mas 等连接词连起来的短句）和简单的符合句较多，目的就是让大家学会使用标点。汉语经常使用都好，有时一逗到底，但葡语经常使用句号。段落上汉语有时把几个意思放在一个段落里，但葡语经常写完一个主语为单位的段落，或一件事后马上重开段落。目的是避免在不同的整句完成后，如果不及时开始新的段落容易引起误解。同学们掌握了汉语和葡语在使用句子和段落的差别后翻译才能成功。

我们看如下的例子：

1. 句子的处理

我们班上有一个同学叫李明，他身材高大，不仅热爱学习，而且读书用功。

Um colega da nossa turma chama – se Li Ming. Ele é alto. Não só é estuduiso mas também é trabalhador.

你们可以看到，中文的标点几乎全是逗号，葡语句号用得比较普遍。

2. 段落的处理

今天是星期日，我起得很晚，没吃早餐，仅仅吃了午饭就出去会朋友了。我的室友王峰一早就起床了，他吃过早饭马上就去了图书馆，整天都泡在图书馆学习。

Hoje é domingo. Levantei – me muito tarde. Não comi o pequeno – almoço.

Só almocei e logo depois fui ter com os meus amigos.

O meu colega de quarto, o Wang feng elvantou – se muito cedo. Foi à biblioteca logo depois do pequeno – alomoço e ficou todo o dia na biblioteca a estudar.

你们可以看到，我将不同主语的一些句子分成两个段落，使得语义更清晰。

所以，无论书写作文还是未来从事书面翻译，一定按照汉语和葡语不同的习惯书写，做到句型、段落根据不同语言采用不同的标点。

八、从句的错误使用

大家都知道，从句是复合句的一部分，由主句和复句组成，是主句的辅助部分。经常出现的复句有原因状语句、时间状语从句、地点状语从句、让步状语从句等等。

1. 状语从句需要一个引导词或称联系词引入，如 como, quando, enquanto, onde, em que, apesar que, ainda que, mesmo que 等等，大家可以查阅相关语法书扩张知识。在这里想提醒大家的是让步状语从句要正确使用虚拟语态。

2. 容易出现的错误如下：

（1）原因状语从句中用了联系词 como 就不能再用 porque 或 por isso 了。如：

Como ele está doente, por isso não vem à aula. 他因为生病，所以没来上课。（这里汉语有一个因为……所以的结构，但葡语的原因状语从句只能在 como 和 porque 或 por isso 中选择其一，就能表达原因了。）

正确的句子应该是：Como ele está doente, não vem à aula.

（2）apesar de（que）已经含有"尽管……但是"的含义，不能再用 mas。如：

Apesar de estar cansado, mas ele continuou a estudar. 尽管他已经很疲劳了，但是还是继续学习了。

正确的句子应该是：Apesar de estar cansado, ele continuo a estudar.

（3）有些同学对 onde 和 em que 含义掌握不好，认为可以通用。其实只要记住 onde 是一般用法，em que 是强调用法就行了。同样也可以用 no qual, na qual, nos quais, nas quais 代替。但个别情况下 onde 可以代替其他地点联系词，但其他的地点联系词不一定能代替 onde。如：

Vamos jantar a um restaurante onde se come bem. 我们去一家餐馆吃完饭，那里饭菜不错。这句话可以用 em que 代替

Encontrei grãos de areia no arroz, em que há um prego também. 我在米饭里发现了沙粒，里边还有一颗钉子。这里的 em que 不能用 onde 代替，因为 onde 一般表示地点。这里只能用 no qual 代替。

（4）que 和 quem 的使用。有些同学认为，只要复句的联系词是人就能用 quem 代替，其实作定语从句时用 que 更多，只有强调时或在 quem 前有前置词时才用 quem。如：

Dei l livro a um aluno que é muito estudioso. 我把书送给一位用功的学生了。这里的定语从句不用 quem 代替 que。

Dei o livro a um aluno, a quem chamamos "aluno estudioso". 我把书送给你个学生，我们称他为"用功的学生"。可见在强调的情况下，特别在联系词 quen 前有前置词时用 quem。在这种情况下，我们可以用 a qual 代替。

（5）联系词 cujo 的用法：

Cujo 这个联系词一般只用在书写文字中，它的含义相当于他（她）他，他们（她们）的，是一个形容词性的联系词，要根据先行词的性、数变化，在联系此前使用逗号。如：

Conheço um alnuo, cujo pai é professor da nossa universidade.

我认识一个学生，他的父亲是我们大学的教师。

Este senhor, cujas filhas são casadas, é funcionário da nossa empresa.

这位先生的女儿们已经结婚，他是我们公司的职员。

容易出现的错误是没有把联系词 cjuo 和它后面的名词行书保持一致，或在 cujo 前没有打逗号。

九、短句和长句的选择

短句或长句我认为是写作的风格之不同，本身没有本质的区别，比如留

学的同学会发现，有些大学的教授喜欢使用短句，有些喜欢长句。其实，我个人认为，如果一个句子用连接词或一至两个复句，也就是三至四个短句连城一个长句即可，如果关系代词使用过多，不仅让人阅读困难，而且语义容易不清晰。特别我们在阅读经典著作时，经常看到短句，尤其在描写开始和结尾的时候。如：

Era uma noite. A lua era clara e limpa, os pássaros dormiam.

我们找一个过于复杂的长句，然后改成短句，可能对读者来说更容易理解。因为我认为文字要有节奏感，而过于冗长的句子不容易记忆，缺少美观性，让人疲劳。

Naqueles anos, eu estudava numa universidade que se encontrava à beira do mar e onde havia muitos alunos internacionais que cursavam dsiciplinas muitos diferentes que eram muito escolhidas por todos os alunos que provinham dos países europeus.

我们现在将上面的长句改成几个短句：

Anqueles anos, eu estudava numa universidade ao lado do mar. Na universidade havia muitos alunos internacionais, que estudavam diferentes disciplinas. Estas disciplinas eram muito escolhidas por todos os alunos provenientes dos países europeus.

十、如何正确使用前置词代替复句

正确而准确使用前置词不仅是汉语中的一个语言能力，也是外语中的重要能力。正确使用前置词不仅言简意赅，而且有画龙点睛之笔。特别是作为翻译，我们很多学生沾沾自喜地表现自己的语法知识（不断地使用复句）的同时，实际上不仅让服务对象同不懂你在说什么，而且失去了翻译应该具有的节奏感。本来原文很简单，翻译由于过多使用复句，使得译文过于烦琐，让听众等待你的"发挥"。

我们找一个句子，试着用前置词代替复句，使语言简练、明了、美观、精炼并具有很好的节奏感。

A Universidade de Línguas Estrangeiras de Jilin Huaqiao é, desde há muito tempo considerada líder entre todas as universidades privadas que gozam de caraterísticas não lucrativas na China e uma das universidades importantes na província de Jilin, na qual estudam cerca de oito mil estudantes que estudam uma dezena de disciplinas que se relacionam com pedagogia, administração, economia e comércio, além de umas dez línguas estrangeiras.

这句介绍华外的文字看上去挺有逻辑和水准，但从书写文字上看，还可以简练一些，如果是口译或口头介绍，就显得复杂、刻板，让人生厌了。我们试着用一些前置词或前置词短语来代替部分句子，使得上述文字美观、达意，并且言简意赅。

Ao longo de muitos anos, a Universidade de Línguas estranerias de Jilin Huaqiao tem sido considerada líder entre todas universidades privadas não lucrativas na China. Nesta universidade importante a nível provincial, estudam cerca de oito mil estudantes inscritos numa dezena de disciplinas relaionadas com pedagogia, administração, economia e comércio assim como umas dez línguas estrangeiras.

希望你们喜欢我的改写。

总之，建议你们通过阅读大量好的原文，不断体会前置词的语法和语义功能，多使用前置词和前置词短语代替复句，使自己的文字更加简练而有水准。

"葡葡"与"巴葡"的区别之处

白家麟①

引 言

长期以来,在葡葡和巴葡之间的差别问题上,初学者都感到非常纠结,这是因为葡萄牙人对巴葡的认同度不高,中国绝大多数的葡语工作者熟悉这两种风格葡语的人数不多,所以逐渐出现两种片面的认识:一种意见来自葡语自学者,他们的重点在于使用,并不注意两种"葡语"的区别,他们认为两者基本没有差别;另一种是以葡葡为主要学习内容的学生,或者没有去过巴西的葡萄牙教师,他们认为只有葡葡是规范语言,甚至对巴葡不屑一顾或嗤之以鼻。本人认为,从文化现象分析,语言没有高雅与低劣之分。只有了解各种文化的人才能平等对待一切文化现象,包括语言现象。

一、历史原因造成同一种语言派生出不同流派

其实,语言的生存发展以及变迁都离不开历史的更迭,仅仅从汉语几千年的发展就能体会出汉民族的祖先以中原地区语言为主导到现在以北京为中心、以普通话为标准发音的漫长过渡。这种现象同样发生在英式英语和美式英语、欧洲西班牙语和拉美西班牙语、法国本土法语和非洲以及加拿大法语的变迁与区别。

我举两个例子来说明语言的变迁。

---

① 白家麟:吉林外国语大学葡萄牙语系主任,教授;研究方向:葡汉翻译。

我在担任英语翻译时，经常接到来自世界各地的信件，其中最明显的文字差别体现在英国的英语和印度的英语，前者和我在课本上所学的文体和词汇以及语法一致，后者在文字、句式和语法都很晦涩难懂，这是因为当时的印度使用的是殖民地时期的语言，与英国现代的语言差一个时代。第二个例子是本人阅读葡萄牙作家爱萨·德格罗斯（Eça de Queirós）的小说时，接触到很多生涩难懂的词汇，此外很多词汇接近现代西班牙语的词汇，如 olvidar、escutar。艾萨·德格罗斯的文字是 100 年前写的，而巴西葡语是由葡萄牙殖民者 500 多年前带到巴西的，自然带着当时的语言特点，加上巴西的文字与葡萄牙的文字发展并不同步，久而久之，巴葡与葡葡的差距就越来越大了。当然，地处欧洲的葡萄牙在文字和表达上避免不了受到英语、法语的影响，而巴西葡语自然避免不了受其周围的西班牙语国家的语言影响，其中也有非洲移民以及巴西本土印第安人语言的强烈影响。

二、葡葡和巴葡的主要区别

我在百度上看到一个帖子，说的是对葡葡和巴葡区别的分析，文字如下：欧洲的葡萄牙语和巴西葡萄牙语没有多大区别，他们之间的关系类似于英国英语和美式英语之间的关系：美式英语源于英国，但某些发音、语法、句法和成语却不同，但彼此又或多或少地相互了解。欧洲葡萄牙语常被作为标准的葡萄牙语，是一种美丽的语言，蕴藏了许多的惊喜。对于学习英语有着很大的帮助，因为它拥有巨大的拉丁语发端词汇量。虽然它很类似于其他拉丁系语言，但是仍然会发现葡萄牙语所特有的魅力和色彩。葡萄牙语分为两种，一种是葡萄牙的葡萄牙语（简称葡葡），一种是巴西的葡萄牙语（简称巴葡），两者在发音、词汇方面有一定的差异。巴西是世界上少数几个全国境内只使用一种语言的国家。

二者差别主要表现在语音和词汇两方面，语法上的差别非常小。语音差别是几百年来逐渐形成的，所以听起来确实有些不同。词汇差别是因为巴葡融入了非常多的图皮语和非洲语言的词汇，故巴葡中的某些词在葡葡里不存在或意思有所区别。

笼统地说，二者差别类似于美式英语与澳洲英语或天津话与北京话的差别。如果巴西人和葡萄牙人进行口语交流，双方都能立即分辨出各自的发音、词汇、用语习惯，但这些差别完全不会影响双方的理解，最多也就是对话初期互相有点不适应而已。如果是书面语交流，那其中差别就是微乎其微了。

下面我们就从葡葡和巴葡在发音、词汇和语法这三个方面了解两者的不同之处吧。

(一) 葡葡和巴葡在发音方面的区别

首先，我们从元音方面来看。有区别的元音主要是 e 和 o。由于大家都学过葡葡的发音，这里我只讲巴葡的发音。

1. 元音 e 的发音：这个元音在巴葡中只有三种发音：开音、闭音和弱化音。如：ébano、bebê、tomate 元音字母 e 在巴葡词尾都发弱化音 [i]。

2. 元音 o 的发音：只有三个发音，分别是开音和半开音和闭音。如：pó, Amazônia, 音节尾部和词尾的 o 发闭音 [u]，如：isto、todo。

其次是辅音方面发音的区别。主要在辅音字母 d、t 和 s 的发音。

3. 当辅音字母 d 后面是元音字母 e 和 i，特别在词尾最后一个音节或单独成为一个音节时，字母 d 的发音相当于 [dʒ] 的发音，如：de、sede、digital。

4. 当辅音字母 t 在元音字母 e 和 i 前，发音为 [tʃ]，如：tomate、tigela。

5. 巴葡的辅音字母 s 和 z 在词尾发 [s]，如：lápis, capaz，不同于葡葡的发音 [ʃ]；字母在 n 和 m 前不像葡葡的发音 [ʒ]，而是 [z] 的发音，如：asno、mesmo。

6. 巴葡的辅音字母 l 在词尾与葡葡不一样，均发成 [u]，如：papel、útil。

(二) 葡葡与巴葡在词汇方面的区别

1. 首先在固定词组方面的区别。葡葡的 estar + a + inf. 和巴葡的 estar + ger. 如：estamos a estudar. 巴葡：Estamos estudando. 葡葡的 continuar + a +

inf. 和巴葡的 continuar + ger. 如：Continuamos a fazer o trabalho. 巴葡：Continuamos fazendo o trabalho. 葡葡的 ficar + a + inf. 如：Ficámos a saber. 巴葡：Ficámos sabendo. 此外，葡葡习惯用 haver 表示时间，巴葡则使用 fazer 更多。如：Há muito que não via o professor. （葡葡）Faz muito que não via o professor. （巴葡）。葡葡表示天气多用 estar + 名词或形容词，而巴葡则习惯使用 fazer + 名词，如：Está calor hoje. （葡葡）；Faz calor hoje. （巴葡）。在助动词使用方面，葡葡一般使用 ter + p. p 表示符合时态，而巴葡则使用 haver + p. p，如：Eu tinha aprendido inglês antes de entrar na universidade. （葡葡）Eu havia aprendido inglês anter de entrar na universidade. （巴葡）。巴葡一般用 ter 表示葡葡的 haver。如：Tem muitos alunos na sala de aula.

巴葡用 falar 表示葡葡的 dizer. 如：Para falar a verdade. Fale o que quiser.

2. 词汇方面的不同。葡葡与巴葡相对应的不同词汇：

Autocarro – ônibus

Comboio – trem

Sumo – suco

Sandes – sanduíche

Pastelaria – lanchonete

Pequeno – almoço – café da manhã

Casa de banho – banheiro

Ementa – cardápio

Fumador – fumante

Bilhete de identidade – cartão de identidade

Ginágio – academia

Rés – do – chão – andar térreo

Impresso – formulário

Gabinete – escritório

Metro – metrô

Telemóvel – celular

Equipa – time

Polícia – policial

Rapaz – moço

Rapariga – moça

此类词汇不同的地方很多，只能在工作中慢慢积累，以免引起误解。

（三）语法方面的差别

1. 重音符号使用方面的不同。葡葡中字母 o 在辅音 n 或 m 前一般使用开音符号，而巴葡则使用闭音符号。如：葡葡 Amazónia，巴葡 Amazônia；葡葡 económico，巴葡 econômico。

2. 反身代词和宾格人称代词的位置不同。

与葡葡的语法规定不同，巴葡的反身代词和宾格人称代词一般都前置。请看如下例句：(1) Me chamo Branco. (2) Ele se chama José. (3) Lhe disse que eu estava ocupado. (4) Me liga amanhã.

3. 物主代词和物主形容词的冠词使用的差别。

与葡葡不同之处在于巴葡的物主代词前不加冠词。如：(1) Meu carro é velho. (2) Nossa universidade é grande. (3) Seus pais chegaram?

4. 个别前置词使用的差别。

葡葡的 chegar, vir 后一般使用前置词 a，但巴葡则习惯使用前置词 em，如：ele chegou em casa muito tarde. Viemos na escola esta manhã. 其次巴西人使用前置词 para 的频率较多，经常用 para 代替 a。如：Eu comprei um livro para você. Conta uma história para nós. 几乎听不到巴西人说 Aonde 或 onde é que vais? 基本都是说 Para onde vai?

5. 人称代词使用方面的差别。

巴葡中一般不使用人称代词 tu，即便使用 tu，也使用第三人称单数的变位。你们会将常发现巴西人说，Tu sabe que ontem choveu? 其次，巴西人不使用重读人称代词 si，当葡葡说 para si 时，巴西人只会用 para você。非重读的人称代词在巴西基本都用主格人称代词代替，如：Eu amo você. Eu amo vocês. Apreciamos muito ele.

(四) 短语、俗语和成语表达方面的差别

巴葡中有些短语、俗语和成语由于历史、地域和其他语言的影响，已经逐渐脱离葡萄牙本土的使用方式和习惯，区别明显，使用葡葡和巴葡的人不容易混淆，但非葡语为母语的学习者容易混乱。尽管如此，不影响葡葡和巴葡是用者的理解。如：

葡葡	巴葡
Com base a	com base em
É uma coisa complicada.	É um abacaxi.
Isso é ótimo.	Isso é legal.
Para dizer a verdade,	Para falar a verdade,
Que chatice!	Puxa vida!
Dar dois dedos de conversa	bater papo
Ganhar dinheiro extra	ganhar bicho
Pagar um sinal	pagar uma luva
Apanhar um táxi	pegar um táxi
Está calor.	Faz calor.
Faz favor.	Por favor.
Apanha ladrão!	Pega ladrão!
O que se passou?	O que é que há?（O que acontece?）
Exato!	Isso!
Onde está?	Cadê?（口语）
Não é?	Nê?（口语）
Não é nada.	Não tem de quê.

此类不同的表达方式在合同文本上和小说中极为突出，请大家在学习中慢慢积累。

下面我们阅读一篇巴葡的文章，一起分析书写、词汇和语法方面与葡葡的差别。

Fabricantes de macarrão de Hualong usam a massa para sair da pobreza

Fonte: Diário do Povo Online   07. 06. 2016 15h34

O Lamian de Hualong tem uma receita básica: o caldo deve ser feito a partir de ossos de vaca marinado por mais de quatro horas, e a massa deve ser servida com fatias bem finas de rabanete branco. A receita também deve levar pimenta local como tempero. [Foto/Xinhua]

Hualong, um remoto condado da província de Qinghai, no noroeste da China, pode ser pouco conhecido fora, mas seu Lamian, ou macarrão puxado à mão, desfruta de fama nacional.

A maioria das pessoas de Hualong, que tem uma população total de 286 mil habitantes, viviam abaixo da linha da pobreza até o início de uma onda de migrações de seus habitantes para outras cidades chinesas que partiam para abrir restaurantes de Lamian.

Atualmente, mais de um terço dos habitantes registrados em Hualong estão no ramo de Lamian, trabalhando em centenas de cidades em toda a China, disse Ma Qianli, vice-chefe do governo do condado.

A renda anual destes restaurantes chegou a 6,2 bilhões de yuans (cerca de US$ 950 milhões) no ano passado, gerando um lucro de mais de 1,8 bilhão de yuans, acrescentou.

Embora os sabores possam variar de acordo com a localização, o Lamian de Hualong tem uma receita básica: o caldo deve ser feito a partir de ossos de vaca marinado por mais de quatro horas, e a massa deve ser servida com fatias bem finas de rabanete branco. A receita também deve levar pimenta local como tempero.

Os pratos feitos de Lamian são rápidos de serem servidos nos restaurantes e por isso caíram no gosto das populações que viviam nas cidades.

Trabalho duro e honestidade na hora de fazer negócio são as chaves para o sucesso ao se abrir um restaurante de Lamian, disse Ma Yong, um homem de 40 anos de idade migrante de Hualong. Ma fez fortuna depois de ir para Shenzhen na década de 1990 para vender Lamian.

" A pobreza me forçou a sair de casa e dar de cara com a vida", disse Ma. "Quando cheguei em Shenzhen, eu não tinha aonde dormir a não ser no chão da loja que eu tinha alugado, ou em casas de banho públicas baratas, cinco yuans por noite."

" Hoje, muitos dos meus amigos têm lojas franqueadas de macarrão em cidades como Beijing ou Shanghai", disse Ma, que voltou para casa em 2014 e abriu uma empresa de pecuária.

Os fabricantes de Lamian de Hualong têm vendido seus macarrões no exterior também. Restaurantes de Lamian podem ser encontrados em países como Malásia, Bangladesh e Turquia.

" O macarrão puxado à mão mudou a vida das pessoas em Hualong. Ele ajudou elas a sair da pobreza", disse Ma Qianli.

结 论

综上所述，葡葡和巴葡虽然在书写、词汇和语法等方面存在着差别，但随着葡语国家文化的交流，特别是巴西的文化发展，尤其是体育、出版和影视业的发展在葡语国家非常迅速，近年来极大地影响了葡萄牙和非洲等葡语国家，巴西葡语使用的人口为两个多亿，而讲葡葡的人口仅仅不到4千万，巴葡的简便易学使人们更加趋向学习巴葡，可以说，巴葡的学习和应用已经在世界的大多数领域超过葡葡。因此，了解与掌握巴葡的用法对葡语学者和翻译工作者尤为重要。

注解：

Macarrão 是巴西"面条"的说法，葡葡叫 spagueti 或用英语的 noodles；

注意巴葡中物主代词前不使用定冠词；

Chegar em 是典型的巴葡用法，葡葡则使用前置词 a。

Edição：Rafael Lima, 人民网, 2016.6.7.

参考文献

［1］Português XXI. LIDEL Edições Técnicas.

［2］陈用仪. 葡汉词典. 北京：商务印书馆，2015.

［3］徐亦行、张维琪. 葡萄牙语综合教材. 上海：上海外语教育出版社，2012.

［4］蔚玲. 葡萄牙语初级教程. 北京：新华出版社，2016.

浅谈在葡萄牙语课堂上如何应用情境教学法

王晰灏[1]

无论在中国还是西方国家，关于外语教学方法的探讨、改革和研究一直都在如火如荼地进行，呈现出由单一化向多样化、综合化发展，由截然对立向相互融合发展，有力地促进了外语教学实践活动的开展，同时，也极大地丰富了外语教学的理论和手段。从影响范围和推广价值看，在各种教学法中，直接法、听说法、视听法、交际法、联想法、语法翻译法和情境教学法当属主流，备受教师、学者和学生认可。

情境教学法是 20 世纪 60 年代由英国应用语言学家和外语教师设计和广泛应用的一种外语教学法，该教学法包括"感知—理解—深化"三个教学阶段。在教学过程中，教师有目的地引入或创设具有一定情绪色彩的、以形象为主体的生动具体的场景，以引起学生的体验兴趣，从而帮助学生理解教材，寓教学内容于具体形象的情境之中，达到潜移默化的暗示作用，并让学生对知识进行深层次的吸收和消化，从而更好地进行实际应用。

一、结合教学目的探索情境教学法在葡语课堂上的相关模式

在基础葡萄牙语教学中，根据现有的教材，学生们接触到的学习对象和课文内容相对简单，并且和日常交际、生活会话联系密切。因此，教师在备课时，应该充分发挥想象力，创造适当的情境，以便使学生在课堂上能充分参与其中，加快其对知识的认知度，巩固其对知识的掌握能力并使其积极参

---

[1] 王晰灏：女，吉林外国语大学葡萄牙语教师，讲师；研究方向：中葡跨文化、文学。

与课堂实践。具体模式如下：

(一) 实物教具演示情境

实物教具是外语课堂上必不可少的辅助工具。在基础葡语课堂上亦然。如果教师仅限于简单和贫乏的讲解，学生会觉得枯燥乏味，记不清教学内容，教学效果欠佳。为改善这种情况，有必要利用实物教具进行演示，使教学方法更形象直观，即一方面有助于教师的讲解，另一方面也有利于学生接受，同时还能调节课堂气氛，加深学生对学习内容的理解与记忆。比如，教师在讲解名词时可以展示实物模型；在讲解地点方位的前置词短语和副词短语时可以用实物布置成场景，让学生通过反复造句进行练习；在讲解形容词比较级时可以用班级学生的特点举例，对比高矮胖瘦，也可用借助实物和图片比较长短、大小、薄厚；在讲解颜色表达法时，用不同颜色的实物和图片进行演示。

(二) 通过角色扮演体验情境

组织学生扮演不同角色，体验情境也是一种行之有效的教学途径。教师可将学生所学知识与实际结合，根据具体情境让学生们自由分组，以小组为单位通过做 apresentação① 的形式表演，使学生根据情境编写"剧情"，在排练、表演、观看的同时，达到视、听、说综合性训练的目的。比如，配合教材的相关章节，安排学生分别体验"打电话""就餐""购物""看病""住宾馆"等相关情境。在学生表演和观看表演的同时，教师应对学生的优点和不足之处做好记录，并在他们表演结束后，做出讲评，及时纠正其在表演中出现的词汇、语法和句法错误，也可以就相关话题向学生提问，了解学生的参与度，检查"观众"的学习状态。

在实践教学环节中，教师可根据教学内容适当设计情境，如安排话剧表演、辩论赛等活动，课前给学生充分时间准备并对其给予相应的指导，力争安排全体学生参与，各尽其职，使其在趣味和游戏中练习葡萄牙语。以大二学生为例，根据教学大纲和课文内容，教师可以设置《小红帽》这一耳熟能详的童话故事为背景，组织学生进行话剧表演，让学生分别扮演小红帽、外

---

① 英语为 presentation，即口头陈述和展示表演。

婆、大灰狼、小红帽妈妈,以及偶遇的小鹿、小兔子、大象、斑马等角色,让学生们发挥想象空间,自由设定和增减角色、编写剧本、布置场景和道具,最终把他们自己的智慧和实践成果——《小红帽》话剧呈现给大家。在排演话剧过程中学生通过编写剧本和反复排演,不仅享受艺术的美感,而且提高了语言表达能力。

另外,在学生学习葡萄牙语"虚拟式将来时"这一重点语法后,教师可以用"如果我可以挑选工作"作为主题组织学生进行分组辩论赛,正方观点为"如果工作符合自己的兴趣",反方观点为"如果工作待遇丰厚",让学生在课下充分准备,然后在课上进行辩论,陈述自己的观点,反驳对方的观点,并举实例论证自己观点。在辩论会这一场景中,学生可以充分用上述语法现象练习表达方式,并达到扩充词汇量,提高口语的流畅度的目的。

(三) 网络多媒体再现情境

目前,网络多媒体资源已经成为教学中广泛使用的技术手段,将文字、音像、视频融于一体,直观地呈现在学生们眼前,既形象化又有趣味性。例如,在学习《首都里斯本》[①] 这篇课文的时候,教师可以把葡萄牙的地图通过多媒体展示给学生,"濒临大西洋""东与西班牙接壤""位于欧洲的西南端"的地理位置一览无余,有助于学生记忆和掌握相关的葡萄牙语地理词汇与表达方位的短语。

二、结合教学经验试论情境教学法对葡语学习者的重要意义

(一) 激发学习兴趣,增强学习自主性

学习的兴趣是取得良好学习效果的关键。在葡萄牙语课堂上,教师通过设计不同的情境开展授课活动,使学生有如闻其声、如见其人、身临其境之感,激发学生的学习兴趣,增强其自主学习的主观能动性,从而提高他们的学习效果。

(二) 调动积极性、提高参与度

使用情境教学法能使学生积极参与到教师设定的情境之中,学生的课堂

---

① *A Cidade de Lisboa*,P-6,叶志良

参与度大幅度提高，使学生在教师设定的情境中，"情""境"交融地学习新知识，练习并巩固掌握所学知识，加深对知识的理解，并得以强化和深入，最终达到运用自如的目的。

（三）注重口语化、交际化和实用化

葡萄牙语作为一门语言，学习它的根本目的是为了使用。这就要求学习者必须兼顾听、说、读、写、译这五个方面的能力的培养。如果教师能合理地运用情境教学法，借助现代化的网络多媒体手段给学生营造不同的学习情境，就可以使学生在上述五个方面的能力均可得到训练和提高。

三、结合教学内容浅谈情境教学法在葡语课堂上的具体应用

（一）词汇教学

学习和掌握词汇是学习一门语言的基础。在基础葡萄牙语教学阶段，除基本语音教学外，最关键的环节就是教授词汇。对学生而言，记忆和掌握的单词越多，表达能力就越丰富，从而运用葡萄牙语的能力也就越强。然而，背单词也常常令大部分学生感到头疼。对于单词的掌握，机械记忆和理解记忆相结合才是最有效的记忆法方法。而为了帮助学生理解记忆，教师也可以充分利用情境教学法，既能调动课堂的气氛又能加深记忆，有助于学生对单词的记忆和使用。举例如下：（1）将单词分类，整合记忆。即把相关单词归纳在各个情境之中，让学生产生联想、用对比方式记忆单词，诸如分成"人体器官""蔬菜水果""交通工具"等类别。（2）在语境中辨析词义。葡语中很多副词语义相近，但是又在语境中表达的意思略有差别，如"particularmente""exclusivamente""nomeadamente""especialmente"都在汉语中有"特殊地"这一意思，但是在语境中表达的意思却不尽相同。为了让学生区分词义的细微差别，恰当地使用这些词汇，教师必须设置相应情境，才能让学生深入地理解和辨析。③掌握词根和词缀。葡萄牙语是一种西方语言，词汇的组成主要有词根和词缀的形式，了解和认知这些形式是理性地掌握词汇的基本方法。教师可以通过对词根及词缀的讲解，强化学生对单词的记忆和理解，从而使学生更加准确地掌握和积累词汇。

（二）句型教学

词汇教学只是语言教学的一个方面。而句型也是语言教学的一个必不可少的重点内容。在句型的教学中，教师也可以结合情境教学法的相关模式，引导学生更快地理解和运用所学的重点句型。现以感叹句为例。

葡语的感叹句最常用的两种用法分别是：Que + 形容词！Que + 名词！前者的汉语意思为"真……！""太……！"比如，"Que bonita！"意思是"真漂亮！""Que inteligente！"意思是"真聪明！"。后者的意思根据感叹词 que 后的名词不同可分为两种：如果名词是抽象名词，意思也是"太……！""真是很……！"，如"Que pena！"意思是"真遗憾！"，但是如果在这个句型中感叹词 que 后的名词是具体的人或物，这类感叹词的含义就要根据上下文的具体情况而定，既有可能表达褒义，也有可能表达贬义，例如"Que estudante！"，意思是"这是什么学生啊！"，有可能表示这个学生非常优秀，表示惊叹，也有可能表达这个学生很调皮捣蛋，表示惊讶。在第二个句型之后面经常会加上"tão + 形容词"这样的结构，用于修饰和限定其前面名词的性质，从而构成"Que + 名词 + tão + 形容词！"这样的句型，其基本含义为"这个……真是太……了！"，如"Que flor tão bonita！"，"这花真是太漂亮了"。

在引导学生学习并掌握上述感叹句型的时候，可以用班里的同学举例，使每一个处在情境之中的学生都能一目了然地理解这个句型的用法。比如，学生够知道班里有一位学生叫"小明"，他身材高挑，而且体格很结实、健壮，是班级里身材颇为突出明显的学生。于是，在学习这个句型时，可以以这个学生为例，引出所学的句型：

（1）"Que 壮！"，que 后面直接加形容词。

（2）"Que 小明！"que 后面加上名字，褒义意为"小明这样哇！"，贬义意为"小明怎么这样啊！"。

（3）"Que 小明 tão 壮！"，意思是"小明真强壮！"

（三）课文教学

教师在课文教学环节中，可以充分运用课文的情景语境引导学生更加有效地学习。所谓情景语境，是指语篇周围的情景、时间、地点、人物关系以及事件的性质等等。根据课文的教学要求和教学内容，教师可以结合相应的情景语境，引申出相关的词汇和句型，还可以结合实际情况，创设出贴近现实生活的语境，把日常交际用语也贯穿到课文的相关语境之中，让学生一起改写或演绎课文，以便学生掌握课文的重要知识点。

（四）语法教学

对任何一个学习葡萄牙语的学生来说，语法的学习是较为枯燥的事情。但是，如果教师在语法教学中适当地运用情境教学法，则可事半功倍，收到良好的效果。

虽然葡萄牙语语法的表达方式趋于多样化，一直处于变化与发展之中，但总体上还是有规律可循的。比如由"se"引导的条件状语从句，从句部分动词只能用虚拟式将来时和虚拟式过去未完成时。若从句动词是虚拟式将来时，主句动词可以为陈述式现在时和将来时；若从句动词为虚拟式过去未完成时，主句动词可以为陈述式过去未完成时或者条件式。从句动词是虚拟式过去未完成时，一般表达的是发生可能性很小的假设；若从句是虚拟式将来时，主句用陈述式将来时，则表达有可能发生的事情，或者一个美好意愿。在进行这一语法教学时，教师可以设定不同的情境，让学生进行口头表达和书面翻译，反复使用这一语法规则，并辨析不同的情境应该用哪种表达更为合适。情境设定诸如"如果我有100万欧元""如果明天不下雨""如果上个星期我认真复习功课"等，体会在不同的语境和不同的情境使用不同的语法时态。

四、结语

总之，在葡萄牙语课堂上使用情境教学法，无论是在词汇、句型、课文和语法教学中都能取得良好的效果，使学生在情境中"显而易见、轻而易举"地感知并深入领会和理解所学知识。如教师能够适当并合理地使用该教学方法，不仅能够激发学生的学习兴趣和热情，提高学习效率，而且能把知识"化繁为简""化抽象为具体""化感性为理性"，使课堂变得生动而有趣味。当然，这一教学方法也需要教师围绕相关教学内容反复斟酌并不断更新教学模式和手段，不仅需要考虑教学目的和实际需要，而且还应注意教学内容的针对性和教学模式的多样性。

参考文献

[1] Michael Byram. Language Awarness and (critical) Cultural Awareness—Relationships, Comparisons and Contrasts [D]. Durham University, 2012.

[2] 韩英. 语法教学的革新. 科教文汇 [J] 黑龙江：哈尔滨广播电视大学，2010.

[3] 陈用仪. 葡汉词典 [M]. 北京：商务印书馆，2009.

[4] 冯卫东. 情境教学操作全手册 [M]. 凤凰出版传媒集团，2008.

[5] 李吉林. 情境教学法的操作与案例 [M]. 北京：教育科学出版社，2006.

[6] 李吉林. 李吉林情境教学——情境教育 [M]. 济南：山东教育出版社，2010.

[7] 叶志良. 大学葡萄牙语 II [M]. 北京：外语教学与研究出版社，2010.